目白大学人間学部人間福祉学科教授
荏原順子 編

見てすぐわかる
介護技術

大和書房

はじめに

　本書は、介護福祉士や介護に携わる人が現場に携帯できる便利な実践ガイドです。施設や在宅で療養している利用者の体位変換や、移動・移乗、食事介助などの技術などを掲載しました。また、利用者とのコミュニケーションのとり方、介護に関する用語・知識などあらゆる場面で活用できるよう、実務に役立つ多岐にわたるコンテンツを収録しています。

　介護保険法が大きく改正されました（2015〈平成27〉年）。また、『平成27年度介護報酬改定に関する審議報告』（社会保障審議会介護給付費分科会）によると、「医療・介護・予防・住まい・生活支援が包括的に確保される"地域包括ケアシステム"を構築していくことが喫緊の課題である」とし、改定の基本的な考え方として、①中重度の要介護者や認知症高齢者への対応の更なる強化、②サービス評価の適正化と効率的なサービス提供体制の構築に加え、③介護人材確保対策の推進をあげています。

　介護福祉士は、喫緊の課題である地域包括ケアシステムの構築に不可欠な人材（社会資源）です。団塊の世代が75歳以上となり要介護者の増大が見込まれる2025年以降を見据えた対応を考慮すると、質の高い介護人材をより多く確保することは決して欠くことができません。

　本書を通して、利用者や家族の困っていることを親身になって解決してくれる介護福祉士が増え、利用者も介護者も安心できるような介護が実践されることを願ってやみません。

荏原 順子

本書の使い方と特徴

❶実践で役立つ介護技術
介護の現場で頻繁に使用する手技を図解しています。

❷手順にそっているから見やすい
手順ごとに段階を追って解説しているので、実践で役立ちます。

❸理解を深める解説
手技の根拠やひと工夫のアドバイスが理解の役に立ちます。

❹注意ポイントをチェックできる
わかりにくい部分や注意したい点もしっかりフォロー。

身体介護 体位と体位変換②

さまざまな体位変換

★介護の基本であるさまざまな体位変換を身につけます。
★褥瘡や拘縮の予防以外に、食事や排泄、清拭など多彩な生活行動や介助に必要となります。
★介護者に大きな負担がかからないように、ボディメカニクス（p.38）を利用することを念頭におきます。

仰臥位から側臥位

① 側臥位にしたときに下になる腕は、利用者のからだの下敷きにならない位置に置く

② 側臥位にしたときに上になる腕は、胸か腹に置く

③ 利用者の両膝を曲げて、膝がなるべく高くなるように立てる

④ ⓐ膝、ⓑ肩の順番でゆっくりこちら側に倒す

上図の下肢を手前に出すと、下半身の支持基底面が広くなるので安定し、下になった下肢の負荷も減らせる

障害のある利用者との コミュニケーション

視覚障害、聴覚障害、言語障害など、さまざまな障害をかかえている利用者も多くいます。それぞれの状況をよく理解してコミュニケーションをはかりましょう。また、初対面だったり、年齢が大きく離れている場合の、会話を続けるポイントも紹介します。

視覚障害のある利用者とのコミュニケーション

視覚障害や視野の欠損などによって見ることが困難な利用者は、どのあたりが見やすいのか、どうしてほしいのかをあらかじめ知っておくとコミュニケーションがとりやすくなります。

- 手を触れる場合は、必ず声をかける
- いきなり耳元で話しかけないで、声をかけてから近づいていく
- ヒソヒソ声で話さない
- 相手が聴く体勢になってから、向かい合って座り直すようにする
- 書類を説明するときは、ゆっくりと読み上げ、質問する時間をたくさんとる
- そばから離れる場合は、一声かける

聴覚障害のある利用者とのコミュニケーション

難聴や耳鳴りなどをはじめ、聴覚に障害をかかえる利用者とのコミュニケーションは、どの程度の音が聞こえているのか、補聴

❺具体的な事例
解説だけでなく、多くの例を掲載したので、すぐに現場で使えます。

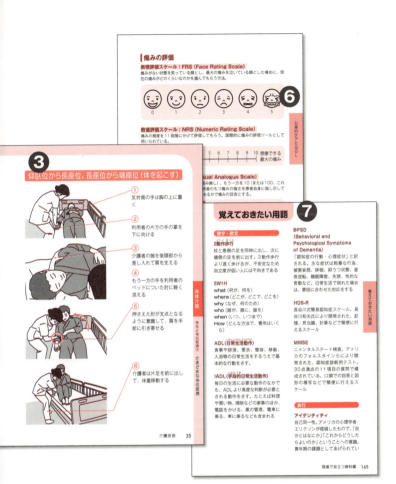

痛みの評価

表情評価スケール：FRS（Face Rating Scale）
痛みがない状態を笑っている顔と、最大の痛みを泣いている顔の場合に、現在の痛みがどのくらいなのかを選んでもらう方法。

0　1　2　3　4　5

数値評価スケール：NRS (Numeric Rating Scale)
痛みの程度を11段階に分けて評価してもらう。国際的に痛みの評価ツールとして用いられている。

0　1　2　3　4　5　6　7　8　9　10　想像できる最大の痛み

Visual Analogue Scale
（痛み無し）、もう一方を10（または100）、これ……痛みのもつ痛みの強さを患者自身に指し示しているかで痛みの目安とする。

❸ 仰臥位から長座位、長座位から端座位（体を起こす）

① 反対側の手を胸の上に置く

② 利用者の片方の手の掌を下に向ける

③ 介護者の腕を後頭部から差し入れて肩を支える

④ もう一方の手を利用者のベッドについた肘に軽く添える

⑤ 押さえた肘が支点となるように意識して、肩を手前に引き寄せる

⑥ 介護者は片足を前に出して、体重移動する

❼ 覚えておきたい用語

数字・欧文

2動作歩行
杖と患側の足を同時に出し、次に健側の足を前に出す。3動作歩行より速く歩けるが、不安定なため自立度が低い人には不向きである

5W1H
what（何が、何を）
where（どこが、どこで、どこを）
why（なぜ、何のため）
who（誰が、誰に、誰を）
when（いつ、いつまで）
How（どんな方法で、費用はいくら）

ADL（日常生活動作）
食事や排泄、更衣、整容、移動、入浴等の日常生活を送るうえで基本的な行動をさす。

IADL（手段的日常生活動作）
毎日の生活に必要な動作のなかでも、ADLより高度な判断が必要とされる動作をさす。たとえば料理や買い物、掃除などの家事のほか、電話をかける、薬の管理、電車に乗る、車に乗るなども含まれる

BPSD (Behavioral and Psychological Symptoms of Dementia)
「認知症の行動・心理症状」と訳される。主な症状は粗暴な行為、被害妄想、徘徊、抑うつ状態、昼夜逆転、睡眠障害、失禁、性的な言動など、日常生活で現れた場合は、要因に合わせた対応をする

HDS-R
長谷川式簡易認知症スケール。長谷川和夫氏により開発された、記憶、見当識、計算などで簡易に行えるスケール

MMSE
ミニメンタルステート検査。アメリカのフォルスタインらにより開発された、認知症診断用テスト。30点満点の11項目の質問で構成されていて、口頭での回答と図形の模写などで簡便に行えるスケール

あ行

アイデンティティ
自己同一性。アメリカの心理学者・エリクソンが提唱したもので、「自分とはなにか」「これからどうしたらよいのか」ということへの意識。青年期の課題としてあげられてい

---

❻ 多くのスケールを掲載
現場でよく使用するさまざまなスケール（指標）を数多く掲載しています。とっさの事態にも慌てません。

❼ 医学・介護用語も安心
医学、看護・介護用語など覚えておきたい用語をやさしく解説しました。

すぐ見てわかる 介護技術

目次

はじめに……………………………………………… 3
本書の使い方と特徴………………………………… 4

part1 これだけはおさえておきたい介護技術

●介護の原則
安全・安楽な介護…………………………………… 12
自立を助け、個人を尊重する……………………… 14

●健康状態の把握
利用者の健康状況を把握する……………………… 16
介護者の健康管理…………………………………… 17

> **STEP UP!!** 介護現場で必ずすること、してはいけないこと … 18

●環境整備
室内環境を整える…………………………………… 20

> **STEP UP!!** 色彩を工夫してみよう …………………… 22

ベッドメイキングをする…………………………… 23

●身体介護
体位と体位変換① 基本体位を覚える……………………… 28
体位と体位変換② さまざまな体位変換…………………… 34
体位と体位変換③ 安楽な体位保持の方法………………… 40
体位と体位変換④ ボディメカニクスとてこの原理……… 42

> **STEP UP!!** 大きな筋肉は主に下半身にあり ………… 44
> **STEP UP!!** 支持基底面の大きさの変化 ……………… 45

移乗・移動動作①	車椅子への移乗	46
移乗・移動動作②	ポータブルトイレへの移動	51
移乗・移動動作③	ベッド上での移動	54
移乗・移動動作④	車椅子での移送	56
移乗・移動動作⑤	肢体不自由者の歩行介助	59
移乗・移動動作⑥	視覚障害者の介助	63
STEP UP!!	視覚障害者の誘導のコツ	65
食事の介助①	上手に食べられる食事の介助	66
食事の介助②	視覚障害者・麻痺のある人の食事介助	69
STEP UP!!	複雑な協働作業で実現する摂食・嚥下運動	72
STEP UP!!	胃ろうチューブの種類	74
食事の介助③	食後の口腔ケア・日常の口腔ケア	75
STEP UP!!	口腔機能を向上させる工夫	79
排泄の介助①	便器・尿器での介助	80
排泄の介助②	ベッド上でのおむつ交換	83
STEP UP!!	テープをとめる順序	85
STEP UP!!	ストーマの種類	86
保清の介助①	全身の清拭	88
STEP UP!!	蒸しタオルの扱いに細心の注意を	90
保清の介助②	入浴介助と麻痺のある場合の介助のポイント	91
STEP UP!!	入浴時の注意	93
保清の介助③	ベッド上で洗髪する	94
保清の介助④	座位やベッド上での足浴・手浴	97

整容の介助	ひげ剃りとブラッシングで気分転換	99
STEP UP!!	身だしなみを整えて自立を促す	100
衣服の着脱①	寝たままで着替える	101
衣服の着脱②	端座位で着替える	104

part2 介護職が知っておきたいコミュニケーションスキル

●介護職が身につけたい接遇スキル
心構え……108
マナー……108
身だしなみ……110
コミュニケーションをよくする会話……111
とっさに使える言葉……112
トラブルになったら……113
傾聴の基本……115
会話をしてみよう……118

●障害のある利用者とのコミュニケーション
視覚障害のある利用者とのコミュニケーション……120
聴覚障害のある利用者とのコミュニケーション……120
言語障害のある利用者とのコミュニケーション……121
会話が続くポイント……122

part3 現場で役立つ資料

●介護概念と介護サービス
ICF(国際生活機能分類)の3段階要素と背景因子 ‥‥‥‥**126**
マズロー(Maslow AH)の欲求階層説‥‥‥‥‥‥‥‥**126**
介護サービスの種類とサービス内容‥‥‥‥‥‥‥‥**127**
介護保険負担割合証‥‥‥‥‥‥‥‥‥‥‥‥‥‥‥**129**
通所介護計画書(参考様式)‥‥‥‥‥‥‥‥‥‥‥‥**130**
個別機能訓練計画書(参考様式)‥‥‥‥‥‥‥‥‥‥**131**
興味関心チェックシート‥‥‥‥‥‥‥‥‥‥‥‥‥**132**

●健康な食事
5大栄養素‥‥‥‥‥‥‥‥‥‥‥‥‥‥‥‥‥‥‥**133**
主な無機質のはたらきと多く含む食品‥‥‥‥‥‥‥**134**
主要ビタミン‥‥‥‥‥‥‥‥‥‥‥‥‥‥‥‥‥‥**134**
BMI(Body Mass Index)‥‥‥‥‥‥‥‥‥‥‥‥‥‥**135**
薬と食べ物の飲み合わせ‥‥‥‥‥‥‥‥‥‥‥‥‥**135**
役立つ食器‥‥‥‥‥‥‥‥‥‥‥‥‥‥‥‥‥‥‥**136**

●快適な生活環境
安全で心地よい生活の場づくりのための工夫‥‥‥‥**139**
家事の知識‥‥‥‥‥‥‥‥‥‥‥‥‥‥‥‥‥‥‥**141**
便利な歯ブラシ‥‥‥‥‥‥‥‥‥‥‥‥‥‥‥‥‥**143**

●心身のケアとQOL

- 主要な人体部位の名称 …………………………… 145
- 高齢者に多い病気と生活上の注意点 …………… 150
- 拘縮しやすい主な関節と起こりやすい位置
  （起こりやすい順）……………………………… 152
- 拘縮が発生する時間 ……………………………… 153
- 拘縮予防のための関節可動域訓練と
  ストレッチのポイント ………………………… 153
- バーセルインデックス …………………………… 154
- 良肢位 ……………………………………………… 156
- 廃用症候群 ………………………………………… 157
- 廃用症候群によって生じる主な症状 …………… 157
- 褥瘡の進行度 ……………………………………… 158
- 褥瘡の好発部位 …………………………………… 158

トピックス▶「体位変換は2時間おき」はもう古い？ ………… 159

- 尿失禁の分類と原因 ……………………………… 160
- ブリストルスケール ……………………………… 161
- 下痢の種類と発生機序 …………………………… 162
- 便秘の種類と腸の状態 …………………………… 162
- 痛みの評価 ………………………………………… 163
- 意識レベルの評価 ………………………………… 164

●覚えておきたい用語 ……………………………… 165

●その他

- みんなで一緒に歌える童謡・唱歌 ……………… 183
- 干支と年齢早見表 ………………………………… 189
- 長寿祝い一覧 ……………………………………… 190
- 単位換算表 ………………………………………… 191

これだけはおさえておきたい介護技術

介護の原則

安全・安楽な介護

★介護をするうえで忘れてはいけないポイントを覚えましょう。
★安全・安楽を保つために、転倒・転落、誤嚥などに注意しましょう。
★利用者の安全と安楽を念頭におきながら、介護をします。

①転倒・転落・強打の防止

　ベッドから車椅子へ移乗した際、転落しないようにベッド柵をつけたり、椅子に座る場合に、ずり落ちたりしないように姿勢を整えます。また、小さな段差でも高齢者や麻痺のある人にはつまずきの原因となることや、滑りやすい床などにも配慮します。

　転倒・転落の結果、**頭や腰**などを強打し、**骨折**、**打撲**などの大きなダメージを受けたために寝たきりの生活を強いられるケースが多いので、危険はあらかじめ察知して、回避するように気を配ります。

②麻痺側の保護

　片麻痺があるケースでは必ず**麻痺側（患側）を支えて保護**します。側臥位にする場合は、**麻痺側を上**にするのが原則です。麻痺側を保護しながら、健側を上手に使う工夫をします。

③誤嚥の防止

食事介助を行う際は、姿勢を整えることで**誤嚥**を防止するように配慮します。

安定した座位をとるためには、**深く腰かけられるようにします**。食事の際は**あごを引く**ように頭を前傾し、食べ物が誤って気管に入るのを防ぎます。

④常に安全・安楽の確認をする

介護を始める前や終了後はもちろん、実施中も常に利用者の周囲に気を配り、**安全・安楽の確認**を怠ってはなりません。

意思表示ができる質問を

作業を始める前に「説明をして了解を得る」、作業後には「終了したことを説明し、気分や、慢性疾患がある場合は考えられる症状を聞く」ことを忘れてはいけません。

利用者は、「はい」または「うなずく」ことしかできない場合もあるので、「体調はいかがですか？」と聞いても答えません。「体調はよろしいですか？」というようにYesかNoで意思表示ができるような質問をしましょう。

> 介護の原則

自立を助け、個人を尊重する

★介護の基本は、何でもしてあげることではありません。
★利用者の残存機能を最大限に引き出して、自分でできることを増やしていくことが重要です。
★利用者の人格を軽んじた言動や態度は、介護者として最も慎むべきことです。

■ 自立支援

①残存機能の活用

「何でもしてあげる」のが、よい介護ではありません。障害があっても、**残された機能（残存機能）**はあります。片側が麻痺（片麻痺）していて動かすことが困難になっても、もう一方の側を利用してよりよい日常生活を維持していくことが大切です。

残存機能の活用は危険を伴いますが、利用者を見守って、危険なときには適切に支援をするよう心がけます。

②意欲の促進

残存機能を生かして、自分でできることは自分でしてもらうように働きかけます。少しずつ自分のできることが増えていけば、自信につながります。また、積極的に活動したり、外出などをすることで活動範囲が広がれば、意欲がわいてきます。

■個人の尊厳

①円滑なコミュニケーションをとる

利用者との円滑なコミュニケーションを心がけます。そのためには、いつも声かけを忘れないことです。**自己紹介をし、相手に名前で呼びかけます**。介護を行う場合は**これから何をするのか、どうしてそれを行うのか、どのようにして行うのか、いま何をしているのか**を話しかけます。

②すべての行動の事前説明と同意を得る

これから行う介護の内容を説明し、同意を得ます。たとえば「これから○○をして、○○○をします。これで□□ができるようになりますね。よろしいでしょうか？」などです。

そして、同意を得られない場合は、別の提案をするなどし、**利用者の意思を尊重**します。こちらの都合で、行動などを押しつけないことが大切です。

終了したときは、「お疲れ様でした」、入浴後は「さっぱりしましたね」などの声かけを忘れないようにします。

③言葉遣いや態度に気を配る

「おじいちゃん」「おばあちゃん」と呼んだり、あだ名で呼ぶことを不快に感じる人が多くいます。また、**友達のような言葉遣いや幼児に対するような態度、命令調**も避けます。常に笑顔と優しい気持ちを忘れずに接しましょう。

健康状態の把握

利用者の健康状況を把握する

ここがポイント!!

★ あいさつとともに、利用者に身体状況を聞きましょう。
★ 顔色や顔つき、肌の状態などから健康状態を観察し、把握します。
★ 異変を早めに察知して、的確な判断ができるようにしましょう。

外見（観）の変化を察知する観察

利用者の様子がいつもと違う、何となくおかしいという感覚的な気付きから、利用者とかかわり合うことでわかる場合もあります。普段からからだのしくみを学習し、細かく観察しておくと、小さな変化も察知できます。

見るだけで察知できる異変
- 顔色や顔つき
- 浮腫（ふしゅ）
- 皮膚の色つや
- 褥瘡（じょくそう）
- 発汗
- 脱水
- 食欲
- 動作や歩行状態
- 排泄物
- 嚥下（えんげ）状態

コミュニケーションにより察知できる異変
- 表情
- 話し方（声の調子や声質）
- 精神状態
- 判断力
- 反応の早さ

バイタルサイン
- 体温
- 脈拍
- 血圧
- 呼吸

健康状態の把握

介護者の健康管理

★利用者の安全を守るには、自分自身の健康管理から。
★普段から感染症に気をつけるなど、健康管理を怠らないことです。
★自分のからだを無理なく効率的に介護するために、ボディメカニクスを活用します。

感染予防

健康状態が低下している利用者や高齢者に接することが多いため、介護者が感染源になるようなことがあってはいけません。

普段から、**感染防止や健康管理**に気を配りましょう。

①うがい

こまめなうがいを心がけます。場合によっては市販のうがい薬などを用いてもよいでしょう。

②手洗い

作業前と作業後に励行します。**流水で洗う → 石けんをつけて手のひらをよくこすりあわせる → 手の甲や指先、指の間を洗う → 親指もねじり洗いする → 手首を洗う → 流水で洗い流しペーパータオルで拭く**、という順番で行いましょう。

身体の負担を軽減する方法

自分よりも体重の重い利用者の移動や体位変換などをする介護者には、慢性的な腰痛で悩む人が多くいます。前かがみでお尻を突き出すような姿勢は、最も腰に負担をかけます。**ボディメカニクスを利用すれば、腰への負担を軽くすることができます**(p42)。

part1　これだけはおさえておきたい介護技術　17

介護現場で必ずすること、してはいけないこと

　介護現場では、手技などが正しくできればよいというものではありません。介護者として必ずやるべきことや、やってはいけないこと、細かな気配り、目配りなどが重要となります。

◆必ずすること

❶はじめに利用者へあいさつをして、
- これから何をするのか
- なぜするのか
- どのようにするのか

　を伝えます。もちろんこれらに対して、同意を得ます。認知症のある利用者の場合も必ず声かけをします。

❷介護中は
- いま何をしているのか
- 利用者への参加呼びかけ（残存機能を使ってもらう）

　をしながら和やかな雰囲気で行います。

❸終了後は
- 利用者へのねぎらいの言葉かけ
- 気分の善し悪し、変化の確認
- ほかにしてほしいことがあるかどうかの確認

　を行います。一方的な介護、会話にならないことが重要です。

◆してはいけないこと

❶利用者に「これをしてください」「やめてください」「してね」などの言葉遣いではなく、「これをお願いできますか」のよう

に相手を尊重し、同意を得る言葉を用います。

❷名前を間違えない、下の名前や「おばあちゃん」などとは呼ばないようにします（場合によってはフルネーム）。

❸上手でスムーズな介護手技でも、無言で行ってはいけません。

❹間違いに気づいても、そのまま続行しては危険です。落ち着いてよく考えてやり直します。

❺言語障害がある利用者に、「はい」や「いいえ」で答えられない質問はしないようにしましょう。基本的に「はい」で答えられる（うなずくだけでいい）質問をします。

例）×気分はどうですか？
　　○気分はよいですか？

❻床に物を放置したり、不安定な姿勢のまま待機してもらうなど利用者が危険になるような状況をつくってはいけません。危険ポイントはしっかりチェックします。

◆その他のポイント

❶飲み物や洋服などが複数あったら、利用者に確認し選択してもらいます。

❷終了後は、利用者にあいさつやお礼をするなどの気配りを忘れないことも大切です。

❸利用者は、高齢者がほとんどです。話すときはゆっくり目線を合わせてはっきり、大きな声で話すようにします。

❹利用者の①年齢、性別、名前、②麻痺はどちらか、③視覚障害の有無、④利き手、⑤疾患、⑥こだわり、嗜好、⑦介護内容の手順を覚えておくことも大切です。

　もし、それらの内容を忘れてしまっても、落ち着いて対処しましょう。

環境整備

室内環境を整える

★室内は利用者が快適に過ごせ、介護者が動きやすいようにします。
★私物を動かすときは、必ず利用者の許可を得ます。
★常にプライバシーと安全に留意しましょう。

換気

室内の空気が清浄になるよう換気をこまめに行います。1時間に1～2分の換気が理想です。窓を開ける際に、外気が直接利用者に当たらないように気をつけます。

シーツ交換時やポータブルトイレを使用する際には、専用の防臭剤を使用しつつ、早めに換気します。

温度・湿度

快適な温度、湿度の目安を参考に、利用者の意向を聞きます。必要に応じて掛け物や空調などで調整します。

● **快適な室内温度・湿度**

	温度（℃）	湿度（%）
夏	25～28	55～65
冬	18～22	45～60
春・秋	夏と冬の中間	夏と冬の中間

冷暖房

　基本的にエアコンが主となりますが、扇風機などの**風が直接からだに当たらないように**留意します。

　体力の消耗を避けるため、冷房の設定温度は、**外気との差が10℃以上にならないように**します。

清潔

　利用者の精神的な影響のほか、感染症の予防の面からも、衣類や寝具、身のまわりの物品、室内環境など清潔に保ちます。

採光・照明

　利用者の日常生活がしやすいことや、病状を考慮した明るさに調整します。明るすぎるとからだに負担がかかるので、**ブラインドやカーテンを使用する**とよいでしょう。視力が低下している場合は、電気スタンドを置くなどの工夫をします。

　昼の活動時や食事の際には直接照明を、リラックスしたいときは間接照明を利用するなど、場面に応じて使い分けます。

安全・安心

　普段使っていて馴染みのある物や思い出の品、家族の写真などを飾って、利用者が心地よく過ごせる空間づくりを心がけます。ただし、写真や鏡などを見るとパニックを起こすような場合はすぐに片づけます。

　壊れやすい物や、薬品やたばこなどの危険な物は手の届かないところに置きます。

環境整備　室内環境を整える

色彩を工夫してみよう

　色彩は、心理的に大きな影響を与えることが知られています。たとえば赤やオレンジ、ピンクなどの暖色系の部屋だと体感温度が高く感じられ、明るく健康的なイメージをもたれます。

　ただ、からだが活気づき、血圧が高めになることも知られています。

　逆に青や緑などの寒色系の部屋では顔色が悪く見えたり、沈んだ気持ちに陥ったりしがち。しかし、血圧が低下し、呼吸がゆっくりし筋肉の緊張を減らすなど全身がリラックスする効果もあるといわれています。

　どちらにしても利用者の好みと身体状況に照らし合わせて、原色ではなく淡い色を使用するように心がけます。

環境整備

ベッドメイキングをする

★ ベッドは、利用者が長時間を過ごす場所なので、快適にいられるように気を配ります。
★ シーツ交換は、換気をしながら手早くすませます。
★ しわは褥瘡の原因になるので、シーツがずれたりよれたりしない工夫をしましょう。

ベッドと布団の機能

からだを動かすことがつらい場合は、ベッドを利用したほうが楽なうえ、手間も省けます。また床から離れているため、介護がしやすく、**温度や湿度の影響を受けにくくほこりなどを吸うリスクが低くなります**。

しかし、ベッドは高さがあるので、横になりやすいため、**寝たきりを助長する**、**転落する**という危険も考えられます。

逆に布団の場合は、転落の危険がないうえ、這って移動することも可能です。ただし、寝たり起きたりが大変なことや、出し入れに手間がかかるというデメリットもあります。また定期的に干す必要もあります。

どちらを利用するかは、利用者の要望と身体状況、居室の広さなどを考慮して決めるとよいでしょう。

ベッドメイキング

枕
枕カバー
スプレッド
シーツ、横シーツ
毛布

① 利用者に目的を説明し、同意を得る

② 必要物品を用意する。セットする順に重ねておくこと。また、汚れ物を入れるかごなども用意しておくとよい

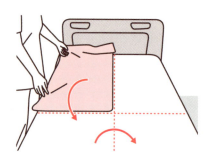

③ 頭側と脚側を間違えないように、マットレスの縦の中心に合わせてシーツを広げる

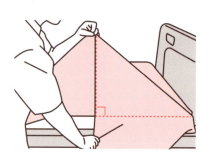

④ 角の部分を持ち上げて三角をつくり、直角三角形にする

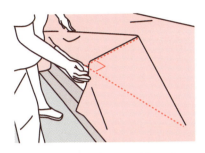

⑤
直角を維持するため、強く引っ張る

> 手の甲を上にするのは、ベッド板の金属部分で柔らかい手の甲を傷つけてしまうおそれがあるためです

⑥
<u>手の甲を上</u>にして、マットレスの下に敷き込み、ピンと張る

⑦
足下の角を四角もしくは三角に折り、残りをマットレスの下に敷き込む

三角折り

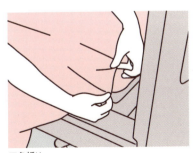

四角折り

⑧
最後に枕カバーに枕を入れて整える

環境整備　ベッドメイキングをする

part1　これだけはおさえておきたい介護技術　25

最後のチェック

□ 利用者がベッドから降りやすい高さにしてあるか
□ シーツにしわやたるみができていないか
□ 床に物が落ちていないか、ベッドまわりはスッキリしているか
□ ストッパーはかけたか
□ 角の三角コーナーや四角コーナーは崩れないようにつくれたか
□ 余分なシーツをマットレスの下にしまってあるか

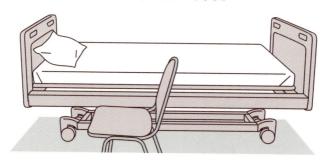

シーツ交換

利用者にシーツ交換の目的を説明し、同意を得ます。換気扇を回したり窓を開けたり、**換気に留意**します。また、ボディメカニクスを利用し作業がしやすいように、**ベッドの高さを調整**します。

① 利用者を側臥位にする（1人で行う場合は、ベッド柵につかまってもらう）

②
古いシーツは利用者側にたたんで、たぐり寄せ、新しいシーツは半分を敷き入れ、中央部分で利用者側に折りたたむ

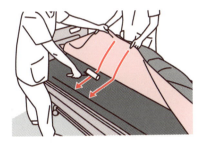

③
新しいシーツを敷く前に、マットの上などのゴミやチリ、髪の毛を粘着テープなどで取り除く

④
利用者を仰臥位にして新しいシーツの上に寝かせ、敷いた側に側臥位にする。反対側から、汚れたシーツを引き出す。その後、新しいシーツの残り半分を敷く

⑤
仰臥位にし、新しいシーツをしわが寄らないように十分に引っ張り、コーナーをマットに固定し、全体を折り込む

環境整備　ベッドメイキングをする

身体介護 体位と体位変換①

基本体位を覚える

ここが
ポイント!!

★ 体位変換に必要な体位名を覚えましょう。
★ どのような体位ならば利用者が安楽なのか、移動させやすいのか把握します。
★ それぞれの体位のメリットとデメリットも知っておきましょう。

基本体位

　介護をするうえで体位は、からだの面や軸、重力の方向などと大きく関係します。どのようなときにどんな体位をとれば利用者の苦痛を和らげることができるのか、介護をスムーズにするにはどの体位をとればよいのかなど、**場面に応じて適切な体位**を選択できるように学習しておきましょう。

①立位

姿勢	自然に立った姿勢
使用場面	歩くときや移動などすべての基本
メリット	すぐに動くことができる
デメリット	介護の面からみると、基底面が狭く重心が高いので不安定

②椅座位

姿勢	椅子に腰かけた姿勢。利用者のからだに合わせて椅子の高さを調節して安定させる
使用場面	食事をするときやテレビを見るとき、日中活動するとき
メリット	背もたれがあるので、姿勢を安定させることができる
デメリット	片麻痺がある場合は、クッションなどを使って姿勢を安定させないと危険

③端座位

姿勢	ベッドの端など背もたれがないところで座り、足を床につけた状態。足がつかない場合は、足台などを用意する
使用場面	ポータブルトイレや車椅子などを使用するとき、ベッドから移動するとき
メリット	上体を起こしてこちらを向いているので、次の動作に移りやすい
デメリット	背もたれがないため、バランスが悪い。上半身を自力で支えなければならないので、常に注意が必要

④長座位

姿勢	上半身を起こして、下肢を前に長く投げ出した姿勢
使用場面	食事や気分転換
メリット	利用者の気分が変わる、寝たきりにしない効果
デメリット	支えがないので、利用者が疲れる

⑤ファウラー位・セミファウラー位(半座位)

姿勢	ベッドの頭側をギャッチアップして、30〜60°上げた姿勢、セミファウラー位は、15〜30°挙上※。枕やクッションを背中に入れたりして調整する
使用場面	回復過程や食事、洗面、気分転換
メリット	肺や呼吸器に問題があったり、呼吸が苦しかったりする際に取り入れる
デメリット	ファウラー位の場合、上半身がずり落ちてくるため、注意が必要

※文献により定義が異なります。

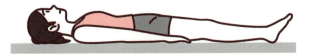

⑥仰臥位(ぎょうがい)

姿勢	背中を下にしてまっすぐにからだを伸ばした姿勢。いわゆる「仰向け」
使用場面	休息や就寝時
メリット	基底面が広く重心が低いため、安定する
デメリット	寝返りをうつことができない利用者の場合は、褥瘡のリスクが高まる

⑦側臥位(そくがい)

姿勢	からだの左右どちらかを下にした状態。右下にしたら右側臥位(みぎそくがい)、左を下にすると左側臥位(ひだりそくがい)と呼ぶ
使用場面	寝返りをうつ、腹部膨満感がある
メリット	膝関節を少し曲げ腰を引く、胸部から腹部に枕を入れると安定する
デメリット	仰臥位に比べ、支持基底面が小さくなるので、不安定になる

⑧ 半側臥位(はんそくがい)

姿勢	左右どちらかの側臥位で、上半身だけを45°倒した姿勢
使用場面	寝返りを打つ
メリット	肩や大転子(だいてんし)、仙骨(せんこつ)の出っ張りに体重がかかり、褥瘡になるのを防ぐ（p41）
デメリット	クッションを利用して姿勢を維持しないと安定しない

⑨ 起座位(きざい)

姿勢	座位よりも上半身を前に傾け、テーブルなどに枕やクッションを置いて上半身を支える
使用場面	喘息(ぜんそく)や心臓に疾患がある利用者のからだを心臓の位置を高くして楽にする
メリット	横隔膜が下がり、胸郭(きょうかく)が広がるので楽になる。誤嚥しにくい
デメリット	疲労しやすい

⑩腹臥位

姿勢	腹部を下にして、顔だけを横にして脚を伸ばして横たわる。「腹ばい」
使用場面	背部の観察をする
メリット	基底面が広いので安定する。誤嚥の予防になる
デメリット	腹部を圧迫し、呼吸運動が妨げられることがある

⑪正座

脚を閉じて膝を折り、その上にお尻を乗せて座る姿勢。膝に疾患をかかえる利用者には向かない

⑫あぐら

膝を曲げ、股関節を大きく開き、片方の足をもう一方の太ももの下に入れて座る姿勢。正座よりも長い時間楽に座っていられるが、股関節に問題があるケースでは困難

身体介護　体位と体位変換②

さまざまな体位変換

ここがポイント!!

★ 介護の基本であるさまざまな体位変換を身につけます。
★ 拘縮や褥瘡の予防以外に、食事や排泄、清拭など多彩な生活行動や介助に必要となります。
★ 介護者に大きな負荷がかからないように、ボディメカニクス (p.42) を利用することを念頭におきます。

仰臥位から側臥位

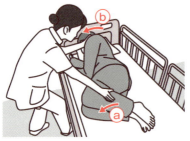

①
側臥位にしたときに下になる腕は、利用者のからだの下じきにならない位置に置く

②
側臥位にしたときに上になる腕は、胸か腹に置く

③
利用者の両膝を曲げて、膝がなるべく高くなるように立てる

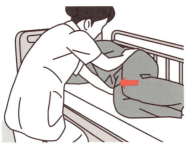

④
ⓐ膝、ⓑ肩の順番でゆっくりこちら側に倒す

> 上側の下肢を手前に出すと、下半身の支持基底面が広くなるので安定し、下になった下肢の負担も減らせる

仰臥位から長座位、長座位から端座位（からだを起こす）

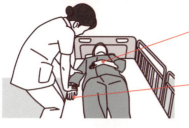

① 反対側の手は胸の上に置く

② 利用者の片方の手のひらを下に向ける

③ 介護者の腕を後頭部から差し入れて肩を支える

④ もう一方の手を利用者のベッドについた肘に軽く添える

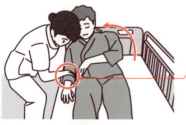

⑤ 押さえた肘が支点となるように意識して、肩を手前に引き寄せる

⑥ 介護者は片足を前に出して、体重移動する

⑦ 利用者の肩と膝裏に手を差し入れて、上半身と太ももを近づけるようにする
お尻を支点にからだと脚をV字にする

⑧ 利用者のからだを支えている手は、足を下ろす側のベッド端に移動する

⑨ もう片方の手は腹部に置く

⑩ 膝関節を手前に引き寄せて回転させる

⑪ 回転に合わせて介護者も重心移動する

⑫ 下肢をベッド下に下ろし、足の裏を床につけて端座位にする

水平移動

① 膝を立てる。麻痺がある場合は健側のみ立てる

② 首の後ろと腰に手を差し込み、上半身を保持する

③ 介護者は両足を前後に広げ、片側の膝をベッドサイドにつける

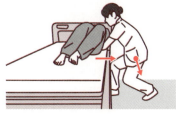

④ ベッドにつけた膝を支点に、重心を下に移動する。それと同時に利用者のからだを水平に移動させる

> 腰に力を入れて引っ張ったり、上体の力だけで動かすと危険なので、ボディメカニクスを利用する

端座位から仰臥位

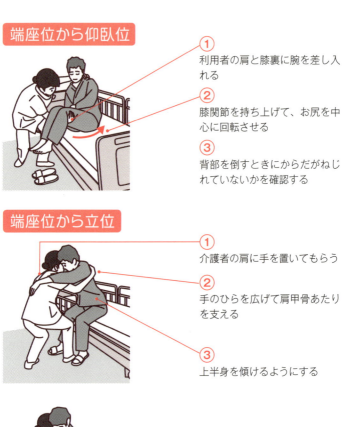

① 利用者の肩と膝裏に腕を差し入れる

② 膝関節を持ち上げて、お尻を中心に回転させる

③ 背部を倒すときにからだがねじれていないかを確認する

端座位から立位

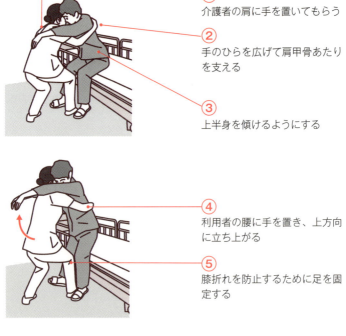

① 介護者の肩に手を置いてもらう

② 手のひらを広げて肩甲骨あたりを支える

③ 上半身を傾けるようにする

④ 利用者の腰に手を置き、上方向に立ち上がる

⑤ 膝折れを防止するために足を固定する

⑥ 肩の横に手を置き、手前から上に引き上げる感じで立ち上がらせる

利用者が前傾し、重心が膝に移動したときに上に引き上げるようにするとスムーズ

　立ち上がりの動作は、血圧の低下などを引き起こす場合があるので、利用者の様子をよく観察しましょう。
　常に声をかけて、気分や不調な点はないか確認するとよいでしょう。

膝の固定方法

①前方から膝同士を合わせて押さえる方法

②膝を両膝ではさみ、支える。麻痺がある場合は、麻痺側の足をはさむ方法

立位から端座位

利用者の手は介護者の肩に置く

介護者は利用者の肩甲骨付近を手のひらで支える

① 膝を曲げるようにしながら下ろしていく
② お尻を突き出すように深く座らせる
③ しっかり端座位になれるように、体勢を整える

身体介護 体位と体位変換③

安楽な体位保持の方法

★ 利用者ができるかぎり安楽に過ごせるように、からだとベッドのすき間をクッションなどで調整します。
★ 麻痺がある場合は、そのままにしておくと拘縮を起こしたり筋力低下をまねいたりすることがあります。

仰臥位の体位保持

肩や上腕の重みで肩甲骨周辺に負担がかかるのを防ぐ

浮腫を防ぐため、手の先は心臓よりも高い位置に置く

アキレス腱が縮む尖足（せんそく）を防ぐため、クッションをあてる

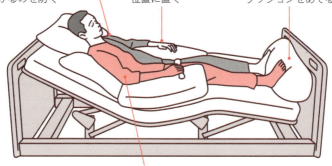

肘を80〜90°に曲げる（p156）。クッションを敷く

膝の下にクッションを置いて、10〜15°曲がった状態を保ち、おなかや太ももの緊張をやわらげる

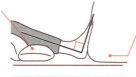

尖足になるのを防ぐため、足底にクッションを当てて、足首の関節が90°になるように保つ

（半）側臥位の体位保持

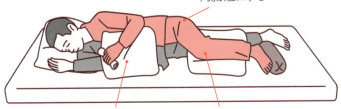

腰を少し後ろに引いて、半側臥位にする

クッションを胸の前で抱かせるように、上側になった腕を乗せる

上側になった脚の膝関節を前にずらし少し曲げ、下にクッションを当てる

- 半側臥位の場合は上半身を少し開き、背中からお尻にかけてクッションを差し込む
- 半側臥位にすることで、腰にかかる圧力を大転子や仙骨などの骨突出部で受けるのを避けられる
- からだの重みは大転子部から仙骨部の間の面で受け止めるうえ、筋肉が大きく弾力のあるお尻のおかげで圧力が弱まり、褥瘡の発生を防ぐことができる

褥瘡の発生が少ない30°側臥位

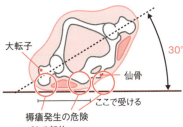

大転子／仙骨／ここで受ける／褥瘡発生の危険がある部位／30°

> 麻痺がある場合は、麻痺側を上にした安楽な姿勢を保持します。
> 骨盤を先に回転させることで、上半身も無理なく回転させることができます。

part1　これだけはおさえておきたい介護技術

身体介護　体位と体位変換④

ボディメカニクスと てこの原理

★ ボディメカニクスとは、力学の原理を活用したからだの動きのメカニズムを活用する技術をさし、無理なく自然な姿勢で介護を行うことを目的としています。

★ ボディメカニクスを上手に利用すれば、からだへの負担を減らし、腰痛予防にもつながります。

★ 無理がない介護は、スムーズで、利用者も快適で安心です。

ボディメカニクス基本原則

支持基底面
左足　右足
狭　広

太ももやお尻などの大きな筋肉を使用する

膝を曲げて重心を下げる

脚を前後・左右に広げて支持基底面を広げる

①支持基底面を広くし、重心を低くする

　床と接しているからだの部分を結んだ範囲を、**支持基底面**といいます。これが広いほど安定しますし、基底面のなかに重心があればさらに安定します。

　つまり、**脚は広く開き、膝や腰を落として重心を下げる**と安定

が保てるのです。

②利用者のからだを小さくまとめる

　腕を胸の前で組む、下肢を交差させる、膝を立てるなど**対象者のからだをコンパクトにすること**で、重心が分散して重くなるのを避けられます。

③対象者にできるかぎり近づく

　対象者から遠ざかると、重心が支持基底面から離れ、よけいな力が必要になったり、腰に負担がかかったりします。

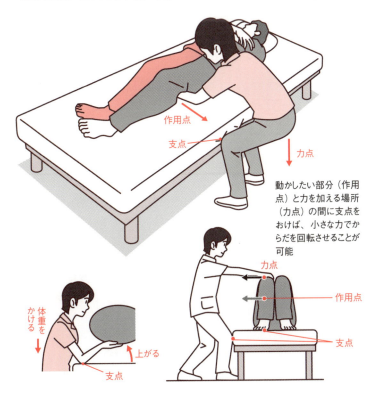

動かしたい部分（作用点）と力を加える場所（力点）の間に支点をおけば、小さな力でからだを回転させることが可能

④からだをねじらない

肩と腰は常に平行に保ちます。不自然にからだを回すと重心が移動して、腰に負担がかかるのです。腰と肩は常に平行に保ち、持ち上げるのではなく、**水平に滑らせる**ようにすると負担が軽減します。

⑤てこの原理を応用する

腕の力などを使って持ち上げるのではなく、シーソーのように**肘や膝などを支点とし**、**介護者の体重をかけること**で介護者のからだに負担がかからないようにできます。

また、からだを起こす際は、利用者のお尻を支点にすることで、楽にからだを起こすことも、からだの向きを変えることも楽にで

大きな筋肉は主に下半身にあり

ボディメカニクスではよく「大きな筋肉」を使うことが重要とされますが、具体的にどこに当たるか明確に答えられようにしましょう。

通称「大筋群（だいきんぐん）」は大胸筋（だいきょうきん）（胸）、広背筋（こうはいきん）（脇腹から背中にかけて）、大腿四頭筋（だいたいしとうきん）（太もも）、腹直筋（ふくちょっきん）（いわゆる腹筋）、脊柱起立筋（せきちゅうきりつきん）（背骨の左右に縦に走る筋肉）をさします。なかでもいちばん大きい筋肉は大腿四頭筋です。

これらの筋肉を意識して介護をすると、大きな力を出すことができ、負担が少なくなります。筋力トレーニングをするなら、腕の筋肉を鍛えるより、下半身を鍛えたほうが介護の際に役立ちます。

きます。

⑥大きな筋肉を使って作業する

力が必要な作業では、指先や腕だけでなく、**太ももやお尻などの大きな筋肉**を使うと大きな力を出すことができます。水平移動することで、重力の影響を少なくできます。

支持基底面の大きさの変化

からだを支えるために、床やベッドに接している面や点を結んでつくられた面を支持基底面と呼びます。

介護する場合には、支持基底面を大きくとったほうが安定しますが、反対に利用者の支持基底面が大きいと摩擦力が大きくなり、移動に力が必要となります。このため、ベッド上で左右や上下に移動してもらうときは

①膝を立てる
②両脚をクロスさせる
③腕をからだの前で組む
④くの字にからだを屈曲させる

など支持基底面を小さくする工夫が必要になります。

支持基底面

支持基底面 大 ──────────────→ 小

part1　これだけはおさえておきたい介護技術

身体介護　移乗・移動動作①

車椅子への移乗

★ 安全・安楽な移動のために、車椅子の利用頻度は高くなっています。
★ 車椅子はいつでも使えるように点検しておきましょう。
★ 移乗時は利用者がふらついたり、膝折れして転倒しないように配慮します。

車椅子の部位と名称

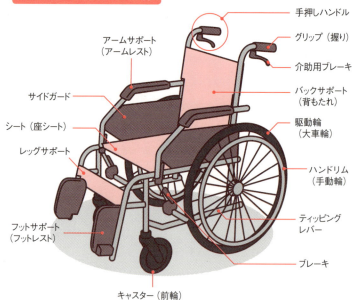

- 手押しハンドル
- グリップ（握り）
- 介助用ブレーキ
- アームサポート（アームレスト）
- バックサポート（背もたれ）
- サイドガード
- 駆動輪（大車輪）
- シート（座シート）
- レッグサポート
- ハンドリム（手動輪）
- ティッピングレバー
- フットサポート（フットレスト）
- ブレーキ
- キャスター（前輪）

ベッドから車椅子への移乗

① 使用する車椅子を広げて、安全を確認する

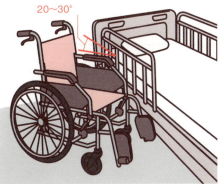

② 車椅子は、ベッドの側面20〜30°に設置する（麻痺のある場合は健側につける）

③ ブレーキをかけてフットサポートを上げ、レッグサポートははずす

立つときは膝折れを予防する

④ 利用者を端座位にする

⑤ 利用者の脚を広げ、健側の脚をキャスターの近くに置く

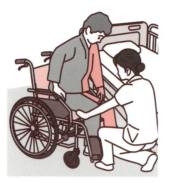

⑥ 利用者の車椅子側になる手を、車椅子の遠いほうの肘掛けを握ってもらいベッドから車椅子に導く

⑦ 前傾姿勢を保持したまま座ってもらい、健側の手と脚に力を入れ、お尻を後ろに引いてもらうことで深く座ることができる

⑧ レッグサポートを装着して、フットサポートを下ろし利用者の足を乗せる

車椅子からベッドへの移乗（片麻痺のある場合）

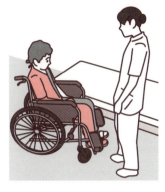

① 健側をベッドサイド側にして20〜30°の角度で車椅子をつける

② ブレーキをかけてフットサポートを上げ、足を下ろす

麻痺側に立つ（右麻痺）

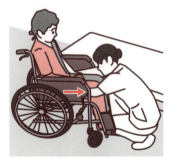

③ 利用者のお尻を少し前に出して浅く腰かけてもらう

④ 前傾姿勢をとってもらう

麻痺側の脚を前に出す

⑤
健側の手を肩につかまっておじぎをするようにしてもらい、立ち上がる手助けをする

麻痺側の脚が膝折れしないように保護する

⑥
健側の脚を軸にして、からだを回転させる

⑦
利用者はおじぎのような姿勢で膝を落としながらゆっくりと腰を下ろす

⑧
健側の手をベッドについてもらう

身体介護 移乗・移動動作②

ポータブルトイレへの移動

- ★ ポータブルトイレを使うときは、臭いや室温に配慮します。
- ★ 利用者のプライバシーを守るために、ドアを閉めたり、ついたてやカーテンを使用します。
- ★ 利用者の羞恥心などを考慮して常にコミュニケーションをとり、不快感や不安感を与えないようにします。

ベッド→ポータブルトイレ（片麻痺）

麻痺側

① ポータブルトイレを健側の脚下に置く

② 健側の脚を軸にして回転する

麻痺側の脚は、膝折れ防止のため保護する

③ 健側の手を肩にかけてもらう

④ 前傾して肩に寄りかかってもらい、ズボンと下着を膝まで下げる

⑤ からだを支えながら、トイレの中央に座ってもらう

⑥ ティッシュペーパーや呼び鈴などを手の届く場所に置く

⑦ 下半身にタオルなどをかけて覆う

ポータブルトイレ→ベッド（片麻痺）

① 肩に健側の手を回してもらう

② 肩に寄りかかってもらう

③ 下着とズボンを上げる

健側の手でベッドに
手をついてもらう

④
健側を軸にして回転する

⑤
背中を支えながら、ベッドに
座ってもらう

⑥
首の後ろに手を回す

⑦
脚を組み、からだをコンパクトにする。膝の下に手を回し、からだをV字にする

⑧
お尻を軸にからだを回転させて、ベッドに寝かせる

身体介護 移乗・移動動作③

ベッド上での移動

★ 体位変換などでベッドの下のほうに下がった利用者を上方に移動させる機会は、頻繁にあります。

★ 利用者だけでなく介護者も無理なく行えるように、力をうまく利用しましょう。

★ 可能なら残存機能を活用して、利用者に協力してもらいます。

ベッドの上部に移動する

① 支持基底面を小さくするために、両膝を立てる（片麻痺がある場合は、健側のみ）

③ 後頭部から手を差し入れて、首と肩を支える

④ 腰のカーブの部分に深く差し入れる

② 足底をやや広げて安定させる

お尻の位置がベッドの屈曲部に合うようにするとよい

⑤ 可能なら、利用者にも足を蹴り出すようにして力を入れてもらい、一緒に上方へ移動してもらう
利用者が足底に力を入れることで、お尻が少し持ち上がり、摩擦が少なくなる

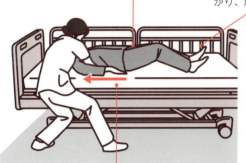

⑥ かけ声と同時に頭側に体重移動をして移動する

⑦ からだをまっすぐにして、枕をあて、シーツや寝衣などを整える

身体介護 移乗・移動動作④

車椅子での移送

★車椅子での移送は、日常的に行われる介助です。
★からだに力が入らない利用者の場合、ちょっとした段差でからだのバランスを崩したり、前にずり落ちたりすることもあります。
★安全・安楽に移送させられるように、車椅子の上手な操作を心がけます。

車椅子で段差を上がる

　車椅子で利用者を移送する際に、忘れてはいけないことが3つあります。

❶【声かけする】　急に動かすと利用者が驚いてしまうため、動かす前や挙上の際には安全を確認して声をかける

❷【利用者の足の確認】　動かす際はフットサポートに利用者の足が乗っているか確認し、フットサポートに足を乗せたまま立ち上がらないように注意する

❸【ブレーキの確認】　停止する際や介護者が車椅子から離れるときは必ず、ブレーキをかける

　以上の点に、常に気をつけて介助します。車椅子は地面に近いため、利用者は介護者以上にスピードを感じます。時折スピードの確認をするとよいでしょう。

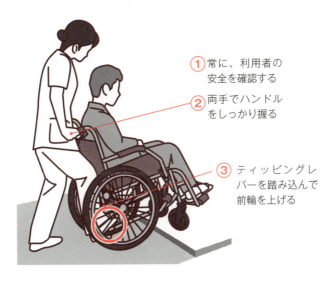

① 常に、利用者の安全を確認する

② 両手でハンドルをしっかり握る

③ ティッピングレバーを踏み込んで前輪を上げる

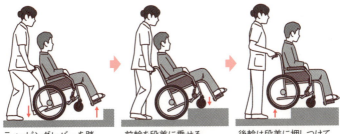

ティッピングレバーを踏み、前輪を上げる

前輪を段差に乗せる

後輪は段差に押しつけて、沿わせるようにして上がる

車椅子で坂道を上る

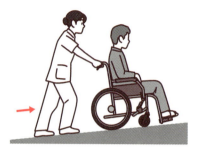

① フットサポートに利用者の足を乗せ、深く座ってもらう

② 姿勢を確認し、場合によっては安全ベルトを着用してもらう

③ ハンドグリップをしっかり握る

④ からだの重心をやや前にして前傾姿勢をとる

車椅子で急な坂を下る

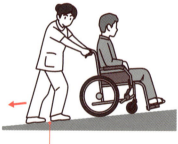

脚を前後に大きく開く

① 介護者が先になって下る

② 後ろ向きになり、ブレーキをかけながらゆっくり下る

③ 後ろを振り返りながら、危険はないかどうか、利用者の様子に変化はないかも観察する

傾斜がきつくない下り坂

① 車椅子を後方に引っ張りながらゆっくりと下りていく。場合によっては安全ベルトをしてもらうが、拘束にならないよう、よく説明してから装着する

② 車椅子の重さ＋利用者の体重がかかるので、引きずられないように留意する

身体介護 移乗・移動動作⑤

肢体不自由者の歩行介助

ここがポイント!!

★歩行による移動は最も重要で基本的な動作です。

★介護者は不安定な側や麻痺のある側に立ち、バランスを崩したらすぐに支えられるようにします。

★歩行速度はせかさないで、利用者に合わせます。

さまざまな歩行介助物品

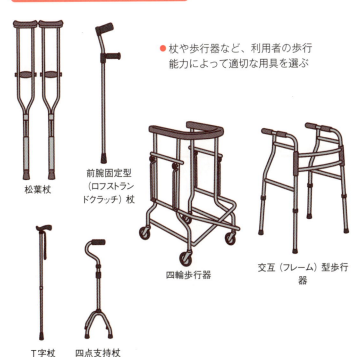

● 杖や歩行器など、利用者の歩行能力によって適切な用具を選ぶ

松葉杖／前腕固定型（ロフストランドクラッチ）杖／四輪歩行器／交互（フレーム）型歩行器／T字杖／四点支持杖

2動作歩行と3動作歩行

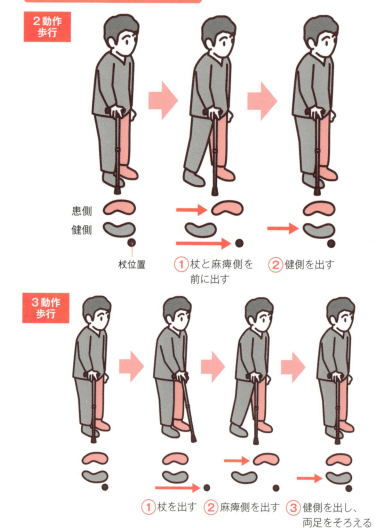

杖なしの歩行介助（片麻痺）

- 麻痺側後方に立つ
- 後方から手を差し入れ、下から肘関節と手関節を支えバランスがとれるようにする
- 腰の部分を軽く支える

- 腰ベルトがある場合は、ベルトを持ち、必要に応じて腰をかかえるように支える
- 足が前に出にくい利用者の場合は、麻痺側の前方に立ち、肩や腕につかまってもらう

杖がある場合の歩行介助

- 杖の先がすり減っていないか、高さは適当か確認
- 動きやすく滑りにくい靴に履き替える
- 杖を持っていない側（麻痺側）に立ち、後方から肩や腰を支える

- 前方に障害物がないか、段差がないか確認し、声をかけながら歩く
- 利用者のペースに合わせて、ゆっくり歩く

階段を上る場合の介助（杖あり）

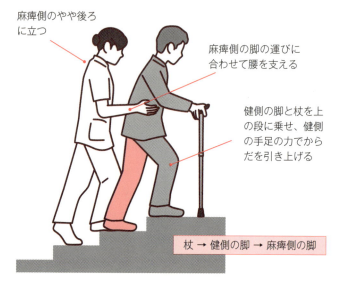

麻痺側のやや後ろに立つ

麻痺側の脚の運びに合わせて腰を支える

健側の脚と杖を上の段に乗せ、健側の手足の力でからだを引き上げる

杖 → 健側の脚 → 麻痺側の脚

階段を下りる場合（杖あり）

- 上るときと違い、杖→麻痺側の脚→健側の脚の順で下りる
- 麻痺側の脚を下ろす際はせかさず、ゆっくり下ろすようにする
- 場合によっては、腰ベルトを着用してもらい、後ろからつかむようにして安全を確保する

身体介護　移乗・移動動作⑥

視覚障害者の介助

- ★ 視覚障害者を介助する場合、いきなり腕を引っ張ったり後ろから押したりしないように気をつけます。
- ★ まず声をかけて介護者の肘をつかんでもらい、手を導くようにします。
- ★ 現在の状況を通常よりもていねいに説明して、合意を得たうえで介助行動に移ります。

視覚障害者の歩行介助

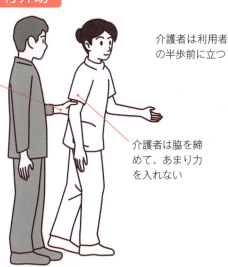

介護者は利用者の半歩前に立つ

利用者は後ろから介護者の肘のすぐ上を持つ。身長差がある場合は肩に手を乗せる

介護者は脇を締めて、あまり力を入れない

足腰が不安定な視覚障害者の介助

　筋力が低下しているなど歩行が不安な利用者の場合は、横に並んで、利用者の腰に手を回して支えるようにします。

視覚障害者を椅子に誘導する

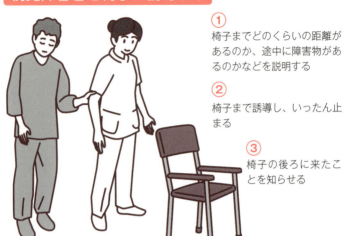

① 椅子までどのくらいの距離があるのか、途中に障害物があるのかなどを説明する

② 椅子まで誘導し、いったん止まる

③ 椅子の後ろに来たことを知らせる

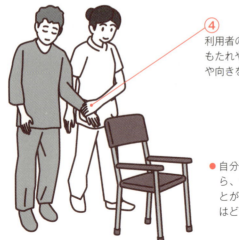

④ 利用者の手をとって椅子の背もたれや座面を触らせ、位置や向きを確認してもらう

● 自分で座ることができたら、安全・安楽に座ることができたか、座り心地はどうかなどを確認する

視覚障害者の誘導のコツ

介護者が半歩前を歩くことにより、利用者自身も右手に白杖を持って、周囲の障害物などを確かめながら歩くことができます。

階段の前や階段の終わり、曲がり角では声をかける必要がありますが、頻繁に声をかけなくても肩や肘の微妙な動きで察することができます。

振り返って話をすると、肩や肘が動いてしまい、危険です。

あまりにもゆっくり歩くと、障害物があるのかと構えてしまうので、一定のスピードで歩きます。

狭い場所に来たときは、誘導している介護者の腕を自分の背中に回します。それにより利用者は、真後ろについて歩くことができます。

現在は、日常的に視覚障害者の介助をする機会は少ないですが、特異なことではありません。

2006（平成18）年の厚生労働省の統計によると、視覚障害者の49％が70歳以上の高齢者です。65歳以上とするとこの数値は70％となり、今後も増加していくものと考えられます。

この傾向をみれば、これからの介護者には視覚障害をもつ利用者の介助知識が必要になると理解できます。

室内に限らず、視覚障害者の外出介助にも対応できるスキルを学んでおきましょう。

身体介護 食事の介助①

上手に食べられる食事の介助

★ 毎日必ず必要となる食事を、楽しくおいしく食べてもらうために工夫しましょう。

★ 利用者がなるべく自分自身で食べるように促し、視覚やにおいなどでも、食欲がわくように食事内容を工夫します。

★ 介助が必要な場合でも、利用者ができることを考えてみましょう。

自分で食べられる場合の介助

- 基本的に自分で食べるように勧め、介護者は、必要時以外は見守る
- 食事前に排泄をすませる
- あごを引いて食べると、喉頭蓋が気道に蓋をするため、誤嚥が起こりにくくなる
- 喉を湿らせるために、最初に汁物や飲み物をとってもらう
- 献立の内容や旬の食材などの話題で、食事に関心をもってもらう
- おかずが大きい場合は一口大に切り分ける(自分でできるかぎりしてもらい、できないところだけ援助する)

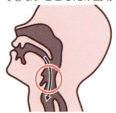

気道に入りやすい

誤嚥しにくい

- 誤嚥を防ぐためあごを引いて座る
- 椅子に深く腰をかけて肘を置くことができる高さのテーブル
- 安定した座位を整える
- 床に足がつくような椅子の高さ

ベッド上での食事介助

- ギャッチアップなどでベッドを30〜60°上げる

30〜60°

ギャッチアップすると、寝たままで食べるよりも誤嚥が少なくなる。また、からだに負担がかからないので、疲れにくい

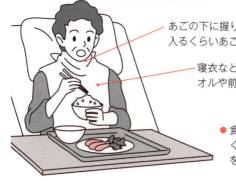

- あごの下に握りこぶしが1つ分入るくらいあごを引く
- 寝衣などが汚れないようタオルや前掛けをする
- 食べられるものはなるべく自分で口に運ぶよう、手を添えるなどの介助をする

全介助が必要な場合

適切な一口量の目安

- 食事内容を説明し、食欲を促すようにする
- 介護者は、利用者と目線の高さを同じにする
- 最初に汁物や飲み物で口の中を湿らせる
- 毎回、一口量が同じになるようにする
- スプーンを口に対してまっすぐに入れ、食事を舌の中央にのせる
- 飲み込んだ（ゴックンとした）ことを確認してから次の一口を入れる
- 利用者のペースに合わせて口に運ぶ
- 食後は、歯磨きやうがいなど、口腔ケアを行う

身体介護 食事の介助②

視覚障害者・麻痺のある人の食事介助

ここがポイント!!

★ 目が見えないと、食事が難しいと思いがちですが、メニュー内容と皿の場所さえわかれば食事に問題はありません。
★ できるかぎり、利用者が自分で食事できるように援助します。
★ 介護者は食事の様子を見ながら、残りの量を教えるなどしましょう。

自分で食事可能な場合

視覚障害がある利用者は、食事を目で見て楽しむことができません。食欲がわくように色どりや形、ツヤなど献立の内容をくわしく説明するとよいでしょう。

注意点
- やけど防止のために、熱いお茶やスープ、天ぷらなどは気をつけるように話す
- 魚など骨が多い場合は、前もって骨を取っておく
- しょうゆや香辛料は、本人に確認してからかける
- 必要があるときだけ介助をする
- どの皿にどのくらい食事が残っているか知らせる

斜め後ろから声をかける

利用者の手をとって、食器に導き確認させる

part1 これだけはおさえておきたい介護技術

また、「今日はごぼうの混ぜご飯です」とか、「みかんは皮がむいてあるのでそのまま食べられますよ」などと付け加えることで、利用者は食事することにストレスを感じなくなります。

クロックポジション

机を時計の文字盤に見立てて、献立を説明する

例：「1時の位置にお茶、3時の位置に煮物、5時の位置に酢の物、7時の位置にご飯、11時の位置にみかん、12時の位置に焼き魚」と説明する

麻痺のある場合の食事介助

麻痺のある人でも使いやすい道具を用意する

頭を傾けなくてもよいコップ

持ち手が握りやすいコップ

握りやすい箸

手首を曲げなくてもよいスプーンやフォーク

握りやすいスプーンやフォーク

横になっていても飲みやすいコップ

細かい物もすくえる皿

- 自分でできることは自分でしてもらうように促す
- 健側の口の端から食べ物を入れる
- 健側に座って見守る
- 疲れていたり、つらそうであれば介助する
- 上半身が傾きやすいので、クッションなどで安定するように工夫する

視覚障害と運動機能障害（片麻痺）がある場合

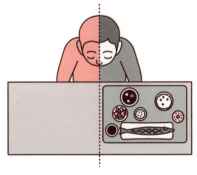

● 半側空間無視

高次脳機能障害の症状の1つで、脳損傷の反対側にあるものの情報の認知が障害される。とくに左麻痺者にみられ、本人から見て左側が見えているのに認識せず、からだの左側もないかのように感じる

- 一口量が少なくなり、食べるスピードが遅くなるので、せかさない
- 好みを聞きながら、少しずつ口に運ぶようにする
- 手のついていない食器があれば教える
- 半側空間無視がある場合は、麻痺側の食べ物を食べ残すことがあるので、食器を健側に寄せる

複雑な協働作業で実現する摂食・嚥下運動

　食べ物を口に入れてかみ砕き、飲み込んで胃に入るまでを摂食・嚥下運動と呼びます。この運動は多くの部位を同時にまたは順序よく動かすことで成り立つ高度な動きです。

　この過程のどこかに不具合が生じると、うまくかめなかったり、食べ物が混ざらなかったり、飲み込むのが難しくなったりします。

　摂食・嚥下の段階は、下図のように大きく5段階に分けられます。

　とくに咽頭期の舌や咽頭、鼻咽頭の動きがうまく協働しないと、むせたり、嚥下障害を起こすこともあります。嚥下障害を繰り返しているうちに、低栄養や誤嚥性肺炎などのリスクも高くなるので注意が必要です。

摂食・嚥下の5期モデル

| ①先行期 | 脳が食べ物を認識し、食べる用意をするようにからだに指令を出す |

▼

| ②準備期 | 食べ物を咀嚼し、細かくする |

▼

| ③口腔期 | かみ砕いた食物を喉に送り込む |

▼

| ④咽頭期 | 細かくなった食べ物を飲み込む（ごっくん） |

▼

| ⑤食道期 | 飲み込んだ食べ物を食道から胃に送る |

咽頭期の嚥下運動

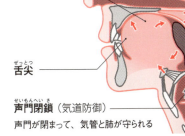

舌口蓋閉鎖
舌による送り込みのあと、舌根と口蓋が密着し、口腔と咽頭を遮断する

鼻咽腔閉鎖（気道防御）
軟口蓋が挙上して、鼻腔が守られる

舌尖

声門閉鎖（気道防御）
声門が閉まって、気管と肺が守られる

咽頭壁の蠕動様運動により、食塊が食道に送られる

喉頭閉鎖（気道防御）
喉頭蓋が閉まって、気管と肺が守られる

食道入口部が弛緩する

寺見雅子:食べるために必要な機能とその援助.摂食・嚥下ケア実践ガイド.学研メディカル秀潤社,2014より引用

食べることに関する機能の低下・障害の原因

口腔内	残存歯の減少、唾液の分泌量の減少、咀嚼や嚥下の筋力の低下、味蕾の減少	加齢、脳血管疾患の後遺症など
運動機能	食卓までの移動動作、座位を保つ姿勢の維持、食べ物を口に運ぶ摂食動作ができなくなる	加齢、脳血管疾患の後遺症、骨折、神経疾患、認知症など
消化・吸収機能	消化器官の機能低下による消化酵素の分泌量の減少、食道や腸の蠕動運動の低下	加齢、消化器官の障害など
呼吸器機能	咳嗽反射・喀痰反射の低下	加齢、脳血管疾患の後遺症など
視覚機能	視力の低下、視野狭窄など	加齢、脳血管疾患の後遺症など
精神機能	食物の認知能力の低下、食欲不振	認知症、うつ病など

胃ろうチューブの種類

口から飲食ができない、食事しても誤嚥の危険がある、しかし、栄養剤の点滴では十分な栄養がとれないと体力が低下してしまい、病気の回復が難しくなります。その際に利用される方法が、PEG（percutaneous endoscopic gastrostomy＝経皮内視鏡的胃瘻造設術）です。

この方法でつくられたお腹の栄養取り入れ口を「胃ろう」と呼びます。鼻からチューブを入れる栄養法に比べて、利用者の苦痛が少なく介護しやすいという利点があります。

胃ろうチューブは引っ張ったり引っかけたりしたときに簡単に抜けないように、胃の中と体外にある固定板でとめています。胃の中の固定方法はバルン型とバンパー型に、体外の固定方法にはボタンタイプとチューブタイプがあります。それぞれに特徴があるので、担当医師と相談して選択します。

胃ろうチューブの種類

胃の内部の固定方法		栄養チューブの取りはずし	
		可（ボタンタイプ）	不可（チューブタイプ）
	バンパー型（4〜6か月ごとの交換）	バンパー型ボタンタイプ	バンパー型チューブタイプ（腹壁／胃壁／胃内）
	バルン型（毎月交換）	バルン型ボタンタイプ	バルン型チューブタイプ

NPO法人PEGドクターズネットワーク：胃ろう手帳．第4版, p.9,
NPO法人PEGドクターズネットワーク，2012より改変

身体介護　食事の介助③

食後の口腔ケア・日常の口腔ケア

- ★ 口腔内に残った食べ物や分泌物、歯垢などを取り除き、清潔に保ちます。
- ★ こまめな口腔ケアは、誤嚥性肺炎を防いだり刺激により食欲を増進させたりする効果があります。
- ★ 摂食・嚥下機能のリハビリテーションにもなります。

口腔ケアに必要な用品

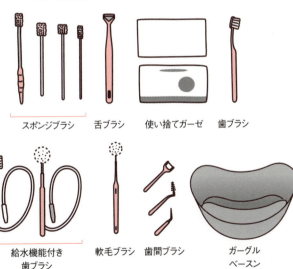

スポンジブラシ　舌ブラシ　使い捨てガーゼ　歯ブラシ

給水機能付き歯ブラシ　軟毛ブラシ　歯間ブラシ　ガーグルベースン

全介助の口腔ケア

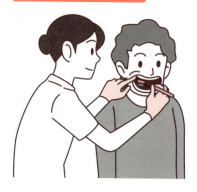

- 介護者は必ず手袋をする
- 座位になってもらう（側臥位で片麻痺の場合は、健側を下にする）
- 鉛筆を持つように歯ブラシを握る
- 歯は1本ずつ小さく動かして磨く
- 歯間は、歯間の大きさに合わせた歯間ブラシで掃除する
- 口唇や粘膜、舌などの汚れをスポンジブラシで絡め取る

〈うがい〉

- 座位の場合は、ぶくぶくうがいをする
- 側臥位の場合は、ガーグルベースン（うがい受け）を頬に当てて吐きだしてもらう
- 歯ブラシは歯に対して90°の角度を保つ。歯と歯茎の間は45°に保つ

歯を磨く手順

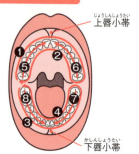

上唇小帯（じょうしんしょうたい）
下唇小帯（かしんしょうたい）

- 数字のように、手前から奥の順に磨いていく
- 奥から手前に向かって手を動かす
- 舌は最後に舌ブラシを使ってやさしくこする。奥から手前に向かって掃除する

歯間ブラシの使い方

最奥の臼歯外側　　歯並びが悪い部分　　ブリッジの下　　歯が欠損している部分

義歯の手入れ

〈総義歯のはずし方〉

- 左右、上下取りはずしやすいほうからゆっくりとはずしていく
- 前歯の部分を持って軽く動かすとはずしやすい

〈部分義歯のはずし方〉

- 鉤（クラスプ）がある場合は、クラスプを持ってはずすと義歯を損なうことなくはずせる

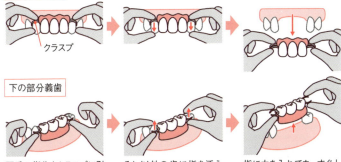

上の部分義歯 / クラスプ

下の部分義歯

両手の指先をクラスプに引っかける　　それ以外の歯に指を添えて支えにする　　指に力を入れてまっすぐ上（下）に抜く

- クラスプや歯で、指や手袋を傷つけないようにする
- 義歯をはずした後、口腔内をスポンジブラシなどで清掃する

義歯の洗い方

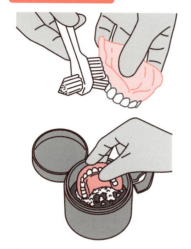

① 軟毛ブラシで義歯と義歯床を掃除する

② 硬毛ブラシで金属部分を洗い、洗い流す

③ 蓋付き容器に洗浄剤を入れ、洗浄液に義歯を浸して保存する

④ 装着する際はよく洗い流す

ベッド上で行う場合

　側臥位が理想ですが、難しければ顔を横に向けて下あごを引いた姿勢でケアします。少量の水分で行い、こぼれないように注意します。

　麻痺があるときは麻痺側を上にします。唾液や水分はいつでも拭き取れるように、タオルなどを準備しておきます。

座位で行う場合

　椅子に深く座ってもらい、**鉛筆を持つように歯ブラシを握り**、1本ずつ磨くように促します。疲れたようすなどが見られたら、手を添えて援助します。

　水を口に含み、ぶくぶくうがいをして吐き出す、を数回繰り返します。

口腔機能を向上させる工夫

　片麻痺がある場合は、麻痺側を重点的に清潔にするようにします。また、可能なかぎり、自分で磨いてもらい、介護者は手を添えたり、仕上げ磨きをしたりするように心がけましょう。

　とくに利き手が麻痺していると、歯ブラシを握る手に力が入らなくなるなど、不都合が生じます。その際には、電動歯ブラシを使うのもよいでしょう。ただ、麻痺が重くない場合はあえて麻痺側の手でブラッシングすることでリハビリにもつながります。

　また、片麻痺の人は、麻痺側の物が見えていても認識できない「半側空間無視」が起こっている場合もあります。介護者が手鏡を使って麻痺側を本人に見せることで、麻痺している側に注意を向けることができます。

　さらに、ぶくぶくうがいをする際に、口をしっかり閉じることが難しく、床や衣服を濡らしてしまうことも考えられます。あらかじめ、服や床は濡れてもいいような対策をしておきましょう。

　誤嚥を防ぐため、顔はなるべく前屈させるような体位を保持します。

　利用者の口腔機能が低下すると、疾患の原因となることがわかっています。たとえば、歯周病だけではなく心内膜炎や敗血症、糖尿病、高血圧など全身疾患への影響があるということもわかっています。

　さらに、食事が思うようにできないことから、からだのさまざまな機能が衰えていくといわれています。

　また、高齢者の死亡原因の1つである誤嚥性肺炎は、口腔ケアをしっかりすることで、かなり防げるという報告があります。

　口腔機能が改善すると上手に咀嚼することができ、食事の量が増え栄養状態が回復することが予想されます。これによって介護度が改善されることもあります。

身体介護 — 排泄の介助①

便器・尿器での介助

ここがポイント!!

★ 排泄の介助をされるのは、利用者にとって最も恥ずかしいことです。羞恥心に配慮し、手早くすませます。

★ プライバシー保護に関しても十分に配慮します。

★ 利用者の身体機能によって、便器のタイプを選びます。また、使用する便器は温めておきましょう。

排泄介助に必要な用品

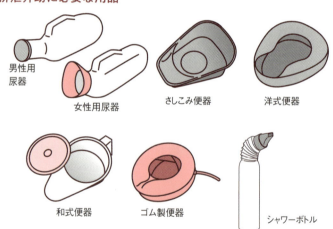

男性用尿器 / 女性用尿器 / さしこみ便器 / 洋式便器 / 和式便器 / ゴム製便器 / シャワーボトル

男性の排尿介助

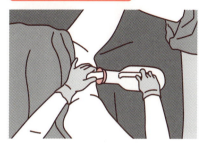

① 利用者の下半身にバスタオルなどをかけ、寝衣を脱がせる

② からだの下に防水シートを敷く

③ 排尿しやすい体位にして、陰茎を尿器に入れる

④ タオルや毛布をかけ、利用者からの声かけを待つ

女性の排尿介助

① 利用者の下半身にバスタオルなどをかけ、寝衣を脱がせる

② からだの下に防水シートを敷く

③ 排尿しやすい体位にして、会陰部に尿器を密着させる

和式便器などを利用する場合、トイレットペーパーを陰部（恥丘）から尿器内に垂らすと尿の飛散や音を防ぐことができる

④ タオルや毛布をかけ、利用者からの声かけを待つ

排便の介助

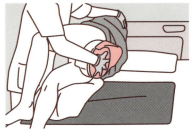

自力で腰が上げられない場合は、側臥位で便器を当てたあと、仰臥位にする

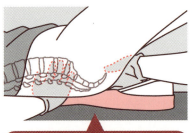

腰上げができる場合は、腕を腰の下に入れて尾骨を確認しながら便器を差し入れる

あらかじめ便器内にトイレットペーパーを敷いておくと、後片付けが楽になります。

排便時には同時に排尿が見られることもあるので、前もって男性には尿器を、女性はトイレットペーパーを陰部に当てておきます。

腰が上げられない場合は、側臥位にして便器を引き抜く

① 排便後は必要ならば、シャワーボトルを利用して洗浄する

② 陰部を拭く場合は、前から後ろ（背中側）に向かって拭く

③ 排泄後は腰上げができる場合は、膝を立てて腰を上げてもらう

④ 便器を手前に引き抜く

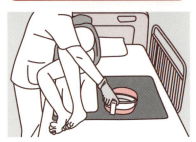

身体介護 排泄の介助②

ベッド上でのおむつ交換

ここがポイント!!

★ おむつ交換は利用者にとって羞恥心を伴うものです。臭いなどに配慮して手早く終わらせます。
★ 交換の際にはおむつ内の肌の様子などを観察し、褥瘡の徴候などを見逃さないようにします。

おむつの種類

フラットシーツ型

テープ型

パンツ型

おむつ交換の手順

① 上半身にバスタオルやタオルケットをかける

② 仰臥位にする

③ 古いおむつをはずす

④ 汚れを中にして丸める

part1　これだけはおさえておきたい介護技術

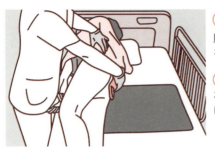

⑤
肌の状態や排泄物の形状などを観察する

⑥
お尻や陰部を清拭する。または洗浄ボトルで洗浄する

⑦
清拭後は、乾いたタオルで水分を吸い取り乾燥させる

⑧
新しいおむつを当てる

⑨
おむつの中心線とからだの中心がずれないように調整する

⑩
仰臥位にして、指でおむつのギャザーを立てて整える

尿取りパッド

尿取りパッドの種類

通常の尿取りパッド	
	パンツ型やテープ型のおむつと併用すると経済的。下着の中に入れて使用する。たっぷり吸収できるものもある

男性用パッド	
	陰茎を中に入れて使う。尿の吸収量は多くないのでこまめに替える

- 尿取りパッドの交換は、おむつ交換のときとほとんど変わらない。皮膚に排泄物がつかないように留意し、尿量に合う適切な尿取りパッドを使うように心がける

テープをとめる順序

テープ型のおむつの場合、利用者のからだにフィットさせ漏れを防止するため、左右の下のテープを先にとめ（①）、その後、上のテープを左右対称になるようにとめます（②）。

①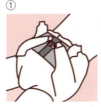

②

part1 これだけはおさえておきたい介護技術

ストーマの種類

　ストーマはギリシャ語で「口」を意味します。腸管や尿管を体外に引き出して造設されています。便が排泄されるストーマを消化器ストーマ、尿が排泄されるものを尿路ストーマと呼びます。ストーマを造設する腸管や位置によっても呼び名や形状が異なります。

❶消化器ストーマ

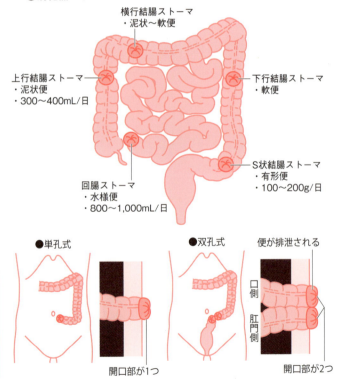

❷尿路ストーマ

●回腸導管

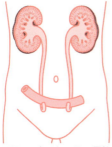

回腸の一部を切り取り尿管につなげる。腸の一方を閉じ、もう一方を皮膚に縫いつけて出口とする

●尿管皮膚ろう（両側尿管）

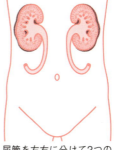

尿管を左右に分けて2つの出口をつくる

●尿管皮膚ろう（一部合流尿管）

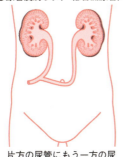

片方の尿管にもう一方の尿管を縫いつけ、出口を1つにする

松浦信子：ストーマとは．ストーマケア実践ガイド（松原康美編），学研メディカル秀潤社，2013より引用

身体介護　保清の介助①

全身の清拭

ここがポイント!!

★ 清拭の基本は、「上から下」「末梢から中枢へ」です。
★ 急激な体温変化を避けるため、拭く部分以外はバスタオルで覆い、露出する部分はなるべく少ないように配慮します。
★ 室温やタオルの温度に注意して手際よく行います。
★ 空腹時や食後は避けます。

全身の清拭

　清拭の順番は前面の場合、**顔→首→上肢→胸部→腹部→下肢→陰部**の順に、背面は**後頸部→背中→腰→お尻**の順に拭いていくのが最も効率的です。

　蒸しタオルやウオッシュクロスは、**タオルの端が利用者の肌に触れないように**きちんと介護者の手に巻きます。

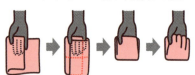

顔の拭き方

● 利用者が気持ちのよい温度（40℃前後）にしたタオルで拭く

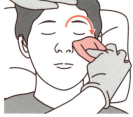

まぶたの周囲はなでるようにやさしく

タオルの面を替えながら、各部位を清拭していく

上肢・腹部の拭き方

- 上半身に適温（40℃前後）に温めた蒸しタオルを置き、体を温める

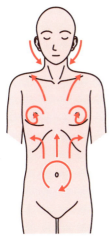
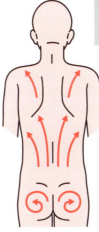

- あごから鎖骨に向かって拭き、鎖骨は、鎖骨に沿って拭く
- 胸部は中心から外へ、乳頭周辺は円を描くように
- 脇腹は肋骨に沿って拭く
- 腹部は臍を中心にして大腸の形に合わせて「の」の字を書くように拭く
- 背部は背中、腰、お尻を連続して拭く
- 肩甲骨に沿って拭く
- 腰は下から上へ向かって拭く
- お尻はまるく円を描くように拭く
- 清拭していない部分は、常にバスタオルなどで覆う

下肢の拭き方

- 利用者の両膝を立てて、足裏をベッドにつけ、蒸しタオルで温め、その後もう一方の手で支えながら拭く。膝の裏も汚れがたまりやすいのでていねいに拭く
- 膝が立てられない場合は、仰臥位にして、脚を少し広げて拭く

背部マッサージ

- 円を描くように背中を手のひらでマッサージする
- 背骨を中心にして上から下へ、また中心から外側に向けて行う
- 手にパウダーやオイルをつけると、肌に負担をかけず、なめらかにマッサージできる

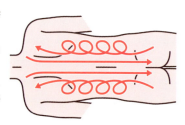

蒸しタオルの扱いに細心の注意を

　清拭で使う蒸しタオルやウォッシュクロスを、単なる道具として認識していませんか。利用者の肌は疾患や高齢などの理由で敏感で傷つきやすくなっていることが考えられます。これらは、利用者の肌に直接当てるものなので、細心の注意が必要です。

　蒸しタオルやウォッシュクロスの温度は、少し熱いくらいの状態で使用します。温度の好みを利用者に聞いたり、自分の前腕部内側の皮膚の薄い部位で温度を確認します。また、端のぬいしろは冷めやすいうえ、生地が厚いのでむき出しの肌に当たると不快感があるものです。端は常に内側に丸めて持つようにしましょう。

身体介護 保清の介助②

入浴介助と麻痺のある場合の介助のポイント

ここがポイント!!

★ 入浴に際して気をつけることは、室温や湯温、転倒です。
★ 段差や水で濡れている床で事故が起きないように注意します。
★ 麻痺のある利用者の介助は、湯船に入る手順と出る手順を間違えないようにしましょう。

全身を洗う

① 室温は25℃くらい、湯温は40℃くらいに調節して本人の好みを聞く。ただし、高血圧や心臓疾患などの持病がある場合は40℃以下のぬるま湯にする

入浴用の椅子に座ってもらい、自分の手でシャワーの温度を確かめ、その後足下にシャワーをかけて温度を確認してもらう

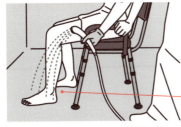

② シャンプーハットなどを利用して洗髪し、頭髪の水分を拭き取る

③ 立位がとれれば立位で、無理なら椅子に座ったまま全身を洗う

よく泡立てて、こすりすぎないようにていねいに洗う

褥瘡の有無、皮膚病変の有無なども観察する

part1 これだけはおさえておきたい介護技術

麻痺がある場合

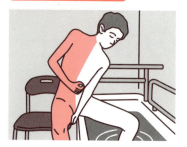

① 自分で入るときは健側から入り、健側の手で麻痺側の脚を持ち上げて湯船の中に入れる

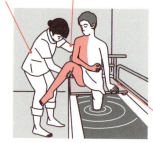

支えるときは麻痺側に立つ

背中を支えて、よろけないようにする

② 出るときは、患側から湯船の外に出す

渡し板がある場合は、腰かけたり手を添えてもらうように声かけをする

シャワー浴

① 介護者はシャワーの温度を自分の手で確かめる

② 足下にシャワーをかけて湯の温度を確かめてもらう

シャワーでの温度の確認方法

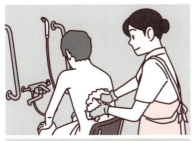

③ 頭部を洗って、タオルドライする

立位でからだを洗うのが理想だが、ADL（日常生活動作）に応じて椅子に座ったり、洗いにくい部分などはそのつど介助して洗う

④ シャワーで流す

上から下に向かって泡を流すように、まんべんなく湯をかける

⑤ からだの水分をバスタオルで拭く

からだ全体を覆うようにして、素早く水を吸い取る

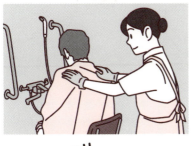

入浴時の注意

　下半身はなるべくタオルや手ぬぐいなどをかけるようにすると、利用者の不安や羞恥心が少なくなります。
　全身の血行がよくなるので、硬くなった関節をほぐすためのマッサージなどを行ってもよいでしょう。
　入浴後は、水分の補給を忘れずに行います。

part1　これだけはおさえておきたい介護技術

身体介護 保清の介助③

ベッド上で洗髪する

ここがポイント!!

- ★ 頭髪を洗い、頭皮マッサージをするだけで血行がよくなり、気分が爽快になります。
- ★ ベッド上で洗髪をする際は、ベッドを濡らしたり、利用者がずり落ちないように準備をしっかり行います。
- ★ お湯の温度は介護者の手で確認しましょう。

ベッドでの洗髪に必要な用品

ケープ／防水シーツやマット／シャンプー・リンス／シャワーボトル／ブラシ（くし）／ドライヤー／タオル数枚

ケリーパッド（洗髪器）

その他、新聞紙、バケツ

ベッド上で洗髪する

- 防水シーツを敷く
- 首にタオルを巻き、その上からケープを巻く
- 膝の下にクッションなどを当てて、膝を立てる
- ケリーパッドを首の下に当てる（水が外にこぼれ出ないように中央を凹ませる）
- ● 頭部に苦痛がないか確認する
- バケツの中にケリーパッドの先端を垂らす
- 下に向かってしっかり垂らす。長さが足らないときは、ビニールなどをつけ足す
- ベッド柵をはずす。はずせない場合は、ベッドの対角線上にからだを移動する

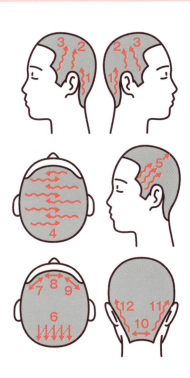

① ブラッシングをしてから、頭皮や髪に39℃程度の湯をかける

② シャンプーで洗髪する際は、手を丸めて指の腹で洗う

> 生え際から毛先に向かって、マッサージするように洗う

③ 乾いたタオルで泡を拭き取り、その後十分にすすぐ

④ タオルでしっかり水分をとった後、ケリーパッドやケープなどをはずして、ドライヤーで乾かす

⑤ 最後にブラシで髪をとかして整える

ケリーパッドの作り方

市販のケリーパッドをわざわざ購入しなくても、手軽に簡単につくることができます。

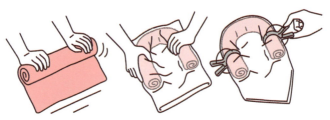

① バスタオルを棒状に巻く（新聞紙でもOK）

② ビニール袋に入れて、折り曲げてU字形にする

③ 大きな洗濯ばさみで固定する

身体介護　保清の介助④

座位やベッド上での足浴・手浴

ここがポイント!!

★ 安静にしている必要があり、入浴ができない利用者や、全身状態がよくないときなどに行います。
★ からだの汚れを落とし清潔にする目的以外に、爽快感を感じてもらうという点も重要です。

座位で足浴

安楽な姿勢をとってもらう

39℃くらいのお湯

バスタオルやビニールシート

 座位ができるときは、椅子やベッドで端座位になってもらう

 タオルを手に巻きつけて足の間などをていねいに洗う

足裏は、丸めたタオルで力強く洗う

洗うときは先端から中心に向かう一方通行で

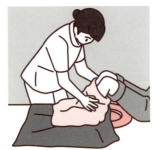

③ かけ湯をした後バスタオルで両足を覆う

冷めないように手早く拭く

手浴

ベッド上の場合

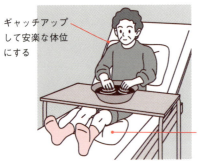

ギャッチアップして安楽な体位にする

- テーブルを出して洗面器に湯を張る（38〜41℃）
- テーブルがない場合は、ベッドの端にタオルや防水シーツを敷いて洗面器を置く

膝の下にクッションを入れる

側臥位の場合

- 数分間お湯につけ、手を洗いタオルで拭く
- 利用者の要望により、爪切りやマッサージ、ハンドクリームを塗る

タオルや防水シート

サイドテーブルやベッドに洗面器を置く

身体介護 整容の介助

ひげ剃りとブラッシングで気分転換

★身だしなみを整えることは、精神的に好影響を与えます。
★自分で身なりを整えるのは、自立を促すことにつながります。
★清潔に保つことで、個人の尊厳や生活のハリなどが生まれます。
★鏡を見ることで、自分を客観視することもできます。

ひげ剃り

　毎日剃るように習慣づけると、**生活にリズム**が生まれます。利用者と相談して、電気シェーバーを使用するか、安全カミソリで行うかも、好みや身体機能に合わせて選びます。

○電気シェーバーの場合は、自分で行うことができるように援助する
○電気シェーバーは、力を入れずに軽くあてる
○安全カミソリで剃る際は、はじめに蒸しタオルで蒸してひげを柔らかくしてから剃る
○最後に肌の保湿も忘れない

ブラッシング

　頭皮を刺激しマッサージすると、**血行がよくなり髪や頭皮に元気**を与えます。

○肩にタオルやケープをかけて、衣服に毛が落ちないようにゆっくりとかす
○からだを起こせない場合は、頭の下にタオルなどを敷いて、頭を横に向けてもらい、半分ずつとかす
○自分でとかせる場合は、援助するだけにとどめる
○頭皮の状態をよく観察しながら、力を入れないようにとかす
○利用者の希望でピンや髪留めをつけると、気分転換になる

身だしなみを整えて自立を促す

　ベッドで過ごす時間が増えると、人と会う機会も減ってしまうため身だしなみに気をつかわなくなりがちです。しかし、鏡を見たり身だしなみを整えることは精神的な自立を促します。

　整容に関しても、自分でできることは自分でするように促してみましょう。たとえば、ブラシの柄を長くしたり太く握りやすいものにしたり工夫します。

　爪切りは手指の筋力が衰えていたり、細かい作業が難しかったりしますが、台や吸盤がついているものなら安定して爪を切ることができます。難しいときはヤスリでそろえてみます。女性ならば、爪に負担をかけないマニキュアをつけてあげてもよいでしょう。

　同様に、化粧をすることでも心が華やぎます。口紅を塗るだけでも精神的な自立につながります。

身体介護 衣服の着脱①

寝たままで着替える

- ★ 着替えは、なるべく利用者の残存機能を活用する方向で援助します。
- ★ 室温は22〜24℃にし、目隠しとなるカーテンやついたてを使用します。
- ★ 脱衣中はタオルケットなどで覆い、肌の露出を少なくするよう配慮します。

かぶり型（寝たまま）

① 上着の前身頃を引き上げて、片方ずつ袖を抜いていく

② 頭側に立ち、顔の下で服をまとめ、顔が引っかからないように注意して頭から抜く

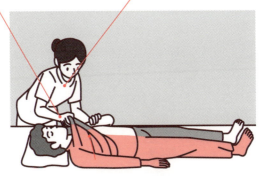

- ● 後ろ身頃は、できるだけたくし上げておく
- ● 頭から脱がせたあとで、腕を抜いてもよい
- ● 着せるときは逆の順で行う

```
脱：腕→頭
着：頭→腕
```

part 1　これだけはおさえておきたい介護技術

ズボンを交換するとき

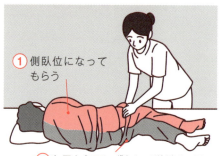

① 側臥位になってもらう

② お尻から下にずらして脱がせ、反対側も同様に下ろしていく

- 膝が立てられるときは立ててもらう
- 着せるときは、ズボンの裾をまとめておき、片足ずつはかせる

③ ズボンをはかせるときは、腰の下に手を入れてお尻を浮かせる

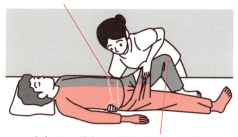

- 麻痺がある場合は、健側の膝を立てて健側からはかせる
- 着せるときは麻痺側から着せる

前開き型（寝たまま）

① ボタンをはずし肩口を広げて、健側の袖から脱がせる

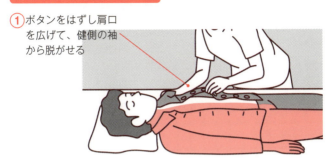

② 脱がせた上着の半分の身頃は、内側を中にして丸める

③ 健側を下にして側臥位にする

④ 健側の身頃を脱がせた後、麻痺側の袖を抜く

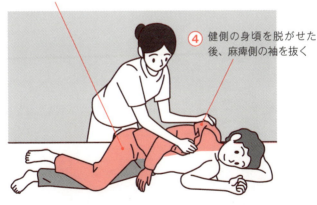

● 着せるときは逆の手順で行う

脱：健側袖 → 麻痺側袖
着：麻痺側袖 → 健側袖

身体介護 衣服の着脱②

端座位で着替える

ここがポイント!!
★ 健側の手を使ってできるところは利用者が少しずつ自分でできるように援助します。
★ 介護者は麻痺側に立って倒れないようにからだを支えたり、服が引っかかるところなどを手伝います。

かぶり型（端座位・麻痺あり）

〈自分で行う場合〉

● なるべくできるところまで自分で脱いでもらう

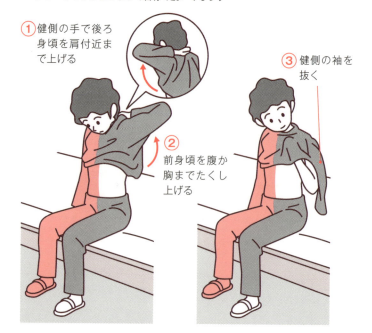

① 健側の手で後ろ身頃を肩付近まで上げる
② 前身頃を腹か胸までたくし上げる
③ 健側の袖を抜く

④ 頭を抜き、麻痺側の袖を脱ぐ

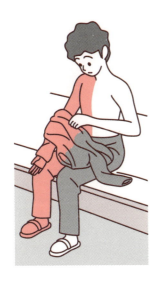

● 着るときは麻痺側から着ていく

脱：健側腕 → 頭 → 麻痺側腕
着：麻痺側腕 → 頭 → 健側腕

〈介助する場合〉

介護者は麻痺側にいて、倒れないように支える

麻痺側の手を支えたり、衣服を持つなどの援助をする

頭を通しやすいように、襟ぐりを広げる手伝いをする

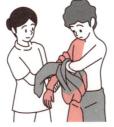

前開き型・ズボン（端座位・麻痺あり）

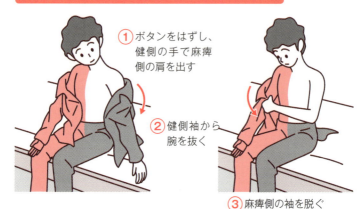

① ボタンをはずし、健側の手で麻痺側の肩を出す

② 健側袖から腕を抜く

③ 麻痺側の袖を脱ぐ

① 立位をとってもらい、ズボンを下げる
② 再度座位になってもらい、健側から脱がせていく

● 着せるときは麻痺側の足からはかせ、膝まで上げてから立位になってもらい、腰まで引き上げる

part2

介護職が知っておきたい
コミュニケーションスキル

介護職が身につけたい接遇スキル

介護職は技術が上達し、いろいろなことができるようになるだけでは十分とはいえません。利用者や関係職種の人と接することの多い接客業、サービス業という側面ももっています。
コミュニケーションスキル、接遇スキルといわれるこれらの行動は、多くのケースを想定して、いつでも対処できるようにしておくこと、"相手に喜んでもらいたい"という心構えをもつことが重要です。

心構え

黙っていても、心の中で不平不満を言っていると、顔に出てしまいます。表情や雰囲気をつくるのはまず気持ちからです。

- **いつも感謝する気持ちをもつ**
  同僚やスタッフに対して「いつも助けてもらって、ありがたい」「一緒に頑張りたい」という気持ちをもって接すると、行動や表情にあらわれます。

- **笑顔で接する**
  つらいことや嫌なことがあっても笑顔でいると、心も自然に明るくなってきます。周囲の人も利用者も話しかけやすくなり、よいコミュニケーションをとることができます。

- **相手の話を聞こうとする姿勢でいる**
  自分の考え方や主張を通すよりも、まずは相手の話を聞くことからはじめます。自分の話を熱心に聞いてくれているとわかると、話し手は少しずつ相手に親近感や信頼感を抱くようになります。

マナー

自分がよいと思っていても、相手によって受け取り方は千差万

別です。「親しみやすい」は「なれなれしい」に、「臨機応変」は「自分勝手」となってしまうかもしれません。誰にでも受け入れられやすい態度は、**適切なマナー**をわきまえることからはじまります。

・利用者やその家族などに必ず明るく挨拶をする

頭をぺこりと下げたり、肩をすくめたりするだけのあいさつではなく、「おはようございます」「お加減はいかがですか」などと、明るい声をかけることが大切です。

・プライバシーに踏み込むような質問や発言を避ける

「貯金はいくらくらいあるの？」「お子さんの会社はなんというの？」「親の育て方が悪かったからじゃない？」などの発言は厳禁。利用者が一方的に内情を話すことがあっても、相づち程度にしてコメントは避けます。

・敬語、丁寧語を使用し、言葉づかいに気をつける

謙譲語と尊敬語を完璧に使い分けなくてもよいですが、少なくとも語尾に「です」「ます」をつける配慮をしましょう。

・友達言葉、流行語などは避ける

「○○だよね～」「これあげるよ」「これ食べられるの？」などの友達言葉は避けます。とくに高齢の利用者には、怒る人もいます。

・なるべく専門用語を使わない

利用者やその家族に理解しやすい言葉を選べば、意思の疎通も早くなります。「誤嚥を避けるために、ギャッジアップしますね」ではなく「食べ物が気管に入って、むせないようにベッドの背を少し起こしますね」という風に言い換えます。

・お菓子などの物品のやりとりなどは避ける

不要品や金銭のやりとり、季節の進物などはトラブルの元になりかねません。一切受け取らない、あげないことを徹底した方がよいでしょう。

・プライドを傷つけないよう、自分の意見を押しつけない

利用者を個人として尊重し、軽く扱わないことは基本です。常に利用者の意見を聞き、意思を尊重しながら介護します。

・約束を守る

信頼関係を築くために、重要です。予定や約束を自分の都合で変更してばかりいると、アテにならない人だと思われます。

身だしなみ

身体接触が多い介護の仕事では、**介護者の身だしなみやにおい、色**などが利用者の目にとまることが多くなります。「この人には触られたくない」「そばにいると不快」と思われないような身だしなみを心がけます。

- 前髪で目が隠れないようにし、長い髪をまとめる
- 不自然な色の髪にしない
- ふけやにおいがないように手入れをする

- 濃い化粧、香水などはしない
- ネイル、指輪、ピアス、ネックレスなど介護の際に邪魔になるものはつけない

ポケットに物を入れすぎない

爪を短く切る

清潔感を与え、相手に不快感を感じさせない

口臭に気を配る

ヒゲや鼻毛が伸びていないかチェックする

- 決まったユニフォームを着ている
- 名札は誰もが見える位置につける

機能的な服装

靴のかかとを踏んだり、汚れを放置しない

コミュニケーションをよくする会話

　ちょっとした**言いまわしのコツ**を知っておくだけで、相手に好印象を与えることができます。また、その場の雰囲気をやわらげることができます。

接週スキル

- 会話の最中は相手の目を見て、軽くうなずきを挟む
- 語尾を少し上げると、話を受け止めたように感じられ、会話がつながっていく

例）
「それはいいですね〜」（語尾を上げると明るい印象）
「それはよかったですね」（語尾を下げると会話終了）
「そうですか」（会話が続かない）
「ふうん」（聞いていない印象）
「あら、そう」（相手に興味がない）

- 相手に声をかけるときは、自分の都合ではなく相手の立場に立った言葉を使う

自分の都合	相手の立場
「こっちに来てください」	「よろしかったらこちらにおいでください」
「これで食べてみてください」	「この方法なら食べられますか？」
「体調はよさそうですね？」	「体調はどうですか？」
「何かあったらおっしゃっていいですよ」	「何かありましたら、連絡をいただけますか？」
「悩みがあるなら聞きますよ」	「どんな悩みがあるのか聞かせていただけますか？」
「やればできるじゃないですか？」	「とても頑張っていましたね」

とっさに使える言葉

　予想外のことが起こったとき、人はつい本音が出たり言葉を失ったりします。とくにクレーム時の対応を間違えると、利用者との関係がこじれてしまう場合もあります。

　また、受けたクレームが**妥当である場合は謝る**必要がありますが、そうではない場合は、そのときの**状況をよく聞き**、事実関係を確かめます。一方的なクレームを信じて、スタッフの批判になるような発言は控えましょう。

> ### ◇クレームを受けた
> - 説明が不足していたところがあったかもしれません。いまからでも、もう一度説明させていただいてよろしいでしょうか。
> - ○○について嫌な思いをされたんですね。状況をくわしく教えていただけますか。
> - 申し訳ありませんでした。以後はこのようなことが起きないように（スタッフ一同）、気をつけます。
> - 不快な思いをされたのですね。大変申し訳ありません。よろしければくわしいお話を聞かせてください（利用者の話に同調するのは行き過ぎ、第三者的立場で話を聞くようにする）。
> - いろいろと不快な思いをさせてしまってすみません。さりげなく、本人に話してみます。
> - のちほど、事実関係を確認したうえで、お伝えします。
> - そういうことがあったのですね。私で力になれることがあれば、お話しください。
> - 大変申し訳ありませんでした。上司に申し伝えまして今後は気をつけていきたいと思います。
> - すみません。説明不足でした。今後はきちんと説明をする

ように気をつけます。

◇**臨終に際して**
- ○○さん、本当に頑張りましたね。最期までご家族の方が支えてくださって、どんなに心強かったことでしょう。
- ○○さんは、みなさんに見守られて幸せですね。
- とても穏やかな(きれいな)お顔をなさっていますね。
- いままでお疲れ様でした。○○さんも楽になれたと思います。
- 病気と闘ってこられて、本当に頭が下がります。ご家族の支えがあってこそですね。幸せだったことでしょう。
- なんと申し上げてよいのかわかりません。
- 私たちも、○○さんのケアができてよかったです。

トラブルになったら

　利用者やその家族との間で起こるトラブルのほとんどが、満足のいくケアをしてくれない、話を聞いてくれない、ということ。またスタッフ間でも話が伝わらない、意見が食い違うなどのトラブルがよく発生します。

　これらの原因のほとんどが**コミュニケーション不足**によるものなので、意思の疎通がはかれるようになれば、大きなトラブルに発展することは少なくなります。

①**話を聞いてくれない**

　話を聞いてほしいという利用者の要望に、「きちんと時間をとって聞いている」と考える介護者も多いでしょう。そのような場合は、単純に聞き取りの時間を延ばせばいいのではなく、**聞き方を変えることで解決するケースがあります**。

- 会話のテンポをゆっくりにする
- 途中で会話を遮らない。話を4つ聞いたら1つ話すつもりでいる
- 自分の意見を言わない
- すぐに答えず、ひと呼吸おいてから返事をする
- 「でも」「だって」「そうはいっても」という言葉を使わない
- 「なるほど」「それはこういうことですか?」という肯定の言葉を使う
- 何かをしながら話を聞かない

②話が伝わらない

双方の話が理解できないということにもつながります。

コミュニケーションには4つのレベルがありますが、同じレベルで会話することが理解を早めます。たとえば、介護や医療従事者は、レベル2の事実を伝えようとしますが、利用者は急な話に戸惑います。そして、主観的な意見や主義主張にこだわる傾向にあります。

すると「こうしてほしいのに、わかってもらえない」「療養方針を理解してくれない」という不満のもとになります。

このような場合は、介護者は**利用者のレベルに理解を示し、共感することで信頼を得る**ようにします。

コミュニケーションの4つのレベル

レベル	レベル名	内容
レベル1	表面的なコミュニケーション	挨拶、世間話、愚痴
レベル2	具体的なコミュニケーション	医学的な事実、検査結果、日常の情報・事実
レベル3	考えや方針	医学的な判断・意見、主義主張、介護方針・考え方
レベル4	感情	物事に対しての怒りや悲しみ

③ケンカになる

　お互いの言葉の裏を読みすぎて、ボタンの掛け違いのような悪循環が起きてしまうこともよくあります。このような事態にならないために、コミュニケーションによって相手とのスムーズな関係を築くことが大切です。

　まずは**挨拶や日常会話で信頼関係を築き**、それから必要な情報を交換していきます。自分だけでなく、利用者からも「でも」「だって」「そうじゃない」という言葉が出ないようなコミュニケーションを心がけましょう。

傾聴の基本

　介護職の場合は利用者だけでなく、その家族からいろいろな悩みや不満、相談などを受ける機会が多くなります。その際に、「どのような状況なのか」「何を求めているのか」などの情報を上手に聞き出すことが重要になります。

　場合によっては話を聞くだけで気持ちが落ち着くことも多いので、**傾聴スキル**を磨いておくと、役に立ちます。

①**相手の感情を理解する**

　相手の話をとにかく聞きます。**目からバストアップまでに視線をおいて聞きます**。このときに腕を組んだり、足を組んだり、物に寄りかかるような姿勢は避けます。

②**共感する態度をとる**

　会話の間にうなずきや相づちをうち、聞いていることをアピールしましょう。自分の意見や「でも」「だけど」などの**否定的な発言は控えます**。

　「あー、はいはい」のように、軽くて早い返事は相手をイライラさせます。

相手の話し方やトーンを真似したり、声の小さい人には小さな声で話しかけたりすると**安心感**を与えます。

③相手の言葉を繰り返す

会話のなかに含まれる**キーワードを繰り返します**。話をきちんと聞いているという印象を与えるうえ、話の整理にもなります。

> 例)
> 「お嫁さんがそう言うのですね」
> 「なるほど。電話をしたのですね」
> 「□□□な痛みだったのですね」
> 「市役所の対応がそうだったのね」など

④相手の言葉を要約する

話を遮らないように気をつけながら、「○○さんは△△のように感じたのですね」と**要点をまとめる**ことで、相互の理解を深めます。

⑤もっとよく理解するための質問をする

相手の主張や詳細を理解するために、質問をします。

> 例)
> 「そのときはどう思いましたか?」
> 「別の言葉でいうとどういう感じですか?」
> 「具体的にはどういうことをしたのですか?」
> 「たとえばどういうことが当てはまりますか?」

⑥問題解決につながる質問

話を聞いてもらいたいということであれば、話しただけで気が済んでしまうこともあります。何らかの解決策を求めている場合は、**一緒に考える姿勢**を示します。このとき、無理、無駄、できないといった否定的な単語は避けましょう。

例）
「どうなればいいと思いますか？」
「どうしてほしいですか？」
「なぜできたのだと思いますか？」
「どんなことならできそうですか？」

⑦質問はオープンクエスチョン

「イエス」か「ノー」しか選択肢がない質問を**クローズドクエスチョン**をといいます。これに対し、2択では答えられない質問を**オープンクエスチョン**といいます。

会話が成り立つ相手とコミュニケーションをとる場合は、オープンクエスチョンをして、距離を縮めていくことが大切です。

クローズドクエスチョン	オープンクエスチョン
「今日は晴れですね」	「いい天気ですね。今日は何をしましょうか？」
「ご飯は召し上がりましたか？」	「昨夜の献立はなんでしたか？」
「野球は好きですか？」	「どんなスポーツが好きですか？」
「○○がしたかったんですよね？」	「○○をしたときにどんな気持ちでしたか？」

会話をしてみよう

相手のことを考え、感情を受け入れて共有すると会話の内容が変わります。コミュニケーションが成立すると、お互いの理解度が深まり、**信頼関係を築くことができます**。

コミュニケーション失敗例

利用者 / 介護者

- 昨日は台風がひどかったせいか、膝が痛くて眠れなかったよ。
- 痛み止めの薬をもらってましたよね？（**薬を飲んだかどうか、効き目などの詮索**）

- 飲んだんだけど、よく効かなかったんだよ。ちょっと多めに飲んじゃったよ。
- あまり薬に頼るとよくないですよ。お孫さんが来てたから、無理したんじゃないですか？（**勝手な解釈**）

- 孫は来たけど、それよりも病気のことが心配で、それどころじゃなかったんだよ。
- そうですか。でもちゃんと病院にも通ってるし、リハビリも順調ですし、あんまり心配するとよくないですよ。頑張りましょう。（**意見の押しつけ**）

- うん……。でも気力がわかなくてねえ。孫が帰ったら急に寂しくなって、この先が不安になるんだよ。
- そんな調子じゃ、治療に時間がかかっちゃいますよ！元気を出してくださいよ。応援していますから。（**否定と安易な励まし**）

- はあ……。わかりました。（沈黙）

コミュニケーション成立例

利用者	介護者

利用者: 昨日は台風がひどかったせいか、膝が痛くて眠れなかったよ。

介護者: 眠れなかったんですか。お天気によって具合が変わりますよね。ほかにも具合の悪いところはありませんでしたか？（キーワードを繰り返して理解を示す。眠れない原因を探る）

利用者: からだに関しては、いまのところいつものとおりだけどね……。

介護者: では、ほかにも心配なことや不安なことがありますか？（語尾を濁した部分に注目して質問）

利用者: 元気な孫を見るにつけ、自分がふがいなくてね。病気のからだで、いつまで生きていられるのか、どれだけ迷惑をかけるのかと不安になってしまうんだよ。

介護者: なるほど、病気のことや将来のことが心配なのですね。お孫さんはよく遊びに来てくれますね。きっとやさしい○○さんが大好きなのでしょうね。（悩みや不安を受け止め、利用者の気持ちを明るいほうに向ける話題）

利用者: そうなんだよ。元気でかわいい子なんだよ。

介護者: 本当にかわいいですよね。ご家族も○○さんに協力的で、とてもすばらしいですね。（家族の話題）

利用者: 本当だね。みんなに迷惑をかけないようにしないといけないなあ。

介護者: そうですね。少しずつよくなってきているので、だんだん回復するといいですね。（利用者の思いに寄り添って励ます）

利用者: くよくよしてないで、元気になれるように頑張るかな。（前向きになる）

接遇スキル

障害のある利用者とのコミュニケーション

視覚障害、聴覚障害、言語障害など、さまざまな障害をかかえている利用者も多くいます。それぞれの状況をよく理解してコミュニケーションをとりましょう。また、初対面だったり、年齢が大きく離れている場合の、会話を続けるポイントも紹介します。

視覚障害のある利用者とのコミュニケーション

視覚障害や視野の欠損などによって見ることが困難な利用者は、どのあたりが見やすいのか、どうしてほしいのかをあらかじめ知っておくとコミュニケーションがとりやすくなります。

- 手を触れる場合は、必ず声をかける
- いきなり耳元で話しかけないで、声をかけてから近づいていく
- ヒソヒソ声で話さない
- 相手が聴く体勢になってから、向かい合って座り直すようにする
- 書類を説明するときは、指で示しながらゆっくりと読み上げ、質問する時間をたくさんとる
- そばから離れる場合は、ひと声かける

聴覚障害のある利用者とのコミュニケーション

難聴や耳鳴りなどをはじめ、聴覚に障害をかかえる利用者とのコミュニケーションは、どの程度の音が聞こえているのか、補聴

器をつければある程度は聞こえるのか、老人性難聴で高音域が聞きとれないのかなどのタイプを把握します。

- 騒音などがなく、会話に集中できる場所で対応する
- 話しかける際は、聞こえる側、聞こえる角度に立って話しかける
- 話しかける前に顔を見てもらい、これから話すことに集中できるようになってから話す
- 口元が見えるようにして、一語一語ハッキリと発音する
- 手話や表情、身振り手振りなど非言語的手段でも伝える
- 筆談やタブレット端末のメモ機能などを利用してもよい
- 検査などの説明は、文書を使用して視覚を利用しながら理解を深める

言語障害のある利用者とのコミュニケーション

言語障害は、**構音障害と失語症**に大別できます。前者はうまく話すことができないだけで、聴いたことを理解できます。後者は理解力に問題があるだけでなく、言葉を話すことに障害をかかえるケースが多くみられます。

- 焦らずにゆっくりと話してよいのだということを、笑顔や正面に座ることで伝える
- 一度にいろいろ聞かず、一問一答程度の短い文章でゆっくりと話す
- ほとんど話せない利用者は、イエスかノーで答えられるクローズドクエスチョンで質問する
- 失語症の場合は、ひらがなではイメージがわかないので、漢字やイラストを見せながら話すと理解が深まる

- 構音障害の場合は、五十音表は有効
- パソコンやタブレット端末を利用して意思の疎通をはかる

会話が続くポイント

　初対面だったり年齢が大きく離れていたりすると、なかなか会話のきっかけを見つけられません。コミュニケーションが苦手な人にとっては、とても苦労する場面です。

　しかし、介護福祉士はスタッフだけでなく多くの利用者やその家族と話す機会があります。さらに、表面上の付き合いでは信頼関係を築くこと、よい介護を実践することは難しくなります。

　どうすれば、**円滑なコミュニケーション**ができるのか、さらに信頼関係を強めるためにいくつかポイントをあげます。

①時事知識は必須

　天気の話や芸能人の話題など、新聞やテレビ、インターネットなどで得られる情報も知っておくとよいでしょう。ニュースの見出しを見ておくだけでもよいのではないでしょうか。話題を広く知っておくと役に立ちます。

例)
「今朝のニュースで○○があったそうですよ。驚きました」
「○○さんが結婚したそうですよ。おめでたいですね」
「台風○号が来ているそうですよ」

②季節、時候をチェック

　天気の話だけでなく、季節の会話や時候の知識ももっておきたいものです。

> 例）
> 「明日は夏至だそうですよ。日が長くなったしもう夏が来ますね」
> 「今日、公園を通りかかったらイチョウがきれいに色づいていましたよ。1枚拾ってきました」
> 「ひな祭りのおひな様を出すなら、大安の明日がいいですか？」

③利用者の日常の変化を観察する

在宅の人なら家の中を、施設ならベッド周囲などをよく観察しておくと、ちょっとした変化に気づくことができます。また本人の表情や服装なども話題にできます。

> 例）
> 「玄関のお花が変わりましたね。なんという花ですか？」
> 「今日は表情が明るいですね。いいことがありましたか？」
> 「このストールはとてもお似合いですね」

④とにかく笑顔を忘れない

誰かと話をするときに、いちばん見るのは顔です。いつも気持ちを明るくして笑顔でいれば、利用者の心も明るくなります。毎日鏡を見て笑顔の練習をしましょう。「**口角を上げる**」「**上の歯を見せる**」「**目尻を下げる**」の3点に気をつけて笑顔を心がけましょう。

⑤ゆっくりと大きな声を出す

小さな声でボソボソとしゃべる人よりも、**ゆっくりと大きめの声で話す人**のほうが好印象を与えます。ゆっくり話せば会話は聞きとりやすくなりますし、あわてて失言することが減るかもしれません。

⑥社交辞令ではない一声を考える

いつも「こんにちは」「お大事に」「お元気ですか」ばかりの声かけだと、挨拶がワンパターンになってしまいます。つい、**返事をしたくなる挨拶**をいくつか考えておきましょう。

> 例）
> 「今日は○○の具合はどうですか？」
> 「いつも素敵な笑顔ですよね。調子はどうですか？」

⑦利用者の歴史を知っておく

年齢が大きく離れていると、**共通の話題**を探すことが難しいと感じます。そこで、その人が生きてきた時代の出来事、生まれた土地の方言や風土、名産品などを調べておくと会話がはずみます。

> 例）
> ・私が生まれたときに○○さんは○歳だったんですね。もうご結婚なさっていましたか？
> ・こういうときは○○弁で「△△△」っていうんですか？
> ・先日、○○町に行ってきました。名物の○○○はおいしいですね。

現場で役立つ資料

介護概念と介護サービス

介護福祉士は、利用者の心身の状態に応じた自己実現がはかれるように専門技術を提供します。そして、利用者が自分らしく生きるために、自分の生き方を自分で決めながら生活する手助けをする役目を担います。しかし、自立にはいくつかの要素が必要です。ICF（国際生活機能分類）はその把握に役立ちます。

ICF（国際生活機能分類）の3段階要素と背景因子

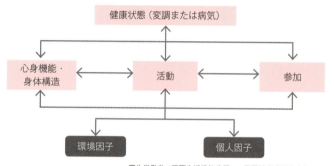

厚生労働省：国際生活機能分類——国際障害分類改定版より

マズロー（Maslow AH）の欲求階層説

介護サービスの種類とサービス内容

介護給付		サービス内容	予防給付
居宅系サービス	訪問介護	ホームヘルプサービスといわれ、食事や排泄、入浴などの身体介護と、掃除や洗濯、買い物などの生活介護がある	○
	訪問入浴介護	自宅に、浴槽などの入浴機材を持ち込み、入浴サービスを提供する（重度の利用者を対象としている）	○
	訪問看護	保健師・看護師等が、医師の指示のもと、自宅で医療的な処置などを行うサービス	○
	訪問リハビリテーション	理学療法士や作業療法士が、医師の指示のもと、自宅でリハビリテーションを行うサービス	○
	居宅療養管理指導	医師、歯科医師、看護師、薬剤師などの医療従事者が、自宅を訪問し、療養上の管理指導を行うサービス	○
	通所介護	デイサービスといわれ、特別養護老人ホームなどの施設に通所し、入浴や食事、機能訓練などを行うサービス	○
	通所リハビリテーション	デイケアといわれ、介護老人保健施設などに通所し、入浴や食事などのサービスのほかに、理学療法士や作業療法士によるリハビリテーションを行うサービス	○
	短期入所生活介護	ショートステイといわれ、特別養護老人ホームなどに、数日間入所し、食事や入浴、排泄介助などを行うサービス	○
	短期入所療養介護	介護老人保健施設などに、数日間入所し、食事や入浴、排泄介助などを行うショートステイサービス（短期入所生活介護との大きな違いは、医学的な管理に基づき機能訓練等のサービスを受けることができること）を提供する	○
	特定施設入所者生活介護※	介護保険の指定を受けている有料老人ホームで食事や入浴、排泄介助などを行う	○

介護概念と介護サービス

	介護給付	サービス内容	予防給付
居宅系サービス	福祉用具貸与	車いすやベッドなど、日常生活の負担軽減のための器具を必要に応じて貸し出すサービス	○
	特定福祉用具販売	福祉用具貸与になじまない入浴・排泄器具の購入費を支給するサービス	○
	居宅介護住宅改修	自宅に手すりや段差の解消等の住宅改修を行うサービス(事業者の指定制度はない)	○
施設系サービス	介護老人福祉施設※	施設サービス計画書に基づき、入浴や排泄などの日常生活の介助サービスや健康管理などの入所型サービス	
	介護老人保健施設※	施設サービス計画書に基づき、看護・医学的管理のもとで、機能訓練や入浴、排泄の介助を提供し、在宅復帰を目指すための入所型サービス	
	介護療養型医療施設※	医療機関の療養病床などの入所者に対し、施設サービス計画書に基づき、看護・医学的管理のもとで、機能訓練や入浴、排泄の介助を提供する入所型サービス	
地域密着型サービス	認知症対応型通所介護	認知症の人を対象にし、入浴や食事、機能訓練などを行うサービス	○
	小規模多機能型居宅介護※	通いを中心に、自宅での訪問介護や短期の宿泊を組み合わせたサービス(利用登録者25名以下)	○
	認知症対応型共同生活介護※	グループホームといわれ、認知症の人に対し少人数で共同生活をする場の提供と、入浴や食事、機能訓練などを行うサービス	○
	複合型サービス※	小規模多機能型居宅介護と訪問看護を組み合わせたサービス	
	定期巡回・随時巡回対応型訪問看護	日中・夜間を通じて、定期・随時の訪問介護と訪問看護を提供するサービス	
	夜間対応型訪問介護	夜間、定期・随時の訪問介護を提供するサービス	

	介護給付	サービス内容	予防給付
地域密着型サービス	地域密着型 特定施設入所者 生活介護※	定員29名以下の小規模な特定施設サービス	
	地域密着型介護 老人福祉施設入 所者生活介護※	定員29名以下の小規模な介護福祉施設サービス	
計画	居宅介護支援※	計画書(ケアプラン)を作成する	○

※介護支援専門員の配置が必要となる介護サービス
注)2016(平成28)年には「地域密着型通所介護」が創設され、さらに療養介護通所介護が地域密着型サービスに移行する予定です

介護保険負担割合証

 2015(平成27)年8月から、一定以上所得者の「利用者負担割合」が2割に引き上げられます。対象となるのは、合計所得金額160万円以上(単身で年金収入のみの場合、280万円以上)の人です。

 被保険者が介護保険サービス等を利用する際に、何割負担なのかを判別することができるように、要介護、要支援、総合事業の認定を受けているすべての対象者に「負担割合証」が交付されます。

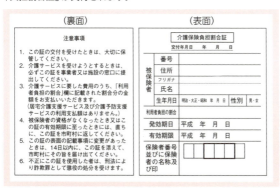

1. この証の大きさは、縦128mm、横91mmとすること。
2. 必要があるときは、各欄の配置を著しく変更することなく所要の変更を加えること、その他所要の調整を加えることができること。

通所介護計画書(参考様式)

現場で必須とされる計画書(参考)。事業者や地域によってオリジナルの項目を設けているものもあります。

別紙様式4

【通所介護計画書】

作成日:平成　年　月　日	前回作成日:平成　年　月　日	計画作成者:

ふりがな		性別	大正 / 昭和	介護認定	管理者	看護	介護	機能訓練	相談員
氏名			年　月　日生　歳						

通所介護利用までの経緯(活動歴や病歴)	本人の希望	障害老人の日常生活自立度
		正常　J1　J2　A1　A2　B1　B2　C1　C2
	家族の希望	認知症老人の日常生活自立度
		正常　Ⅰ　Ⅱa　Ⅱb　Ⅲa　Ⅲb　Ⅳ　M

健康状態(病名、合併症(心疾患、呼吸器疾患等)、服薬状況等)	ケアの上での医学的リスク(血圧、転倒、嚥下障害等)・留意事項

自宅での活動・参加の状況　(役割など)

利用目標

長期目標	設定日　年　月		目標達成度	達成・一部・未達
	達成予定日　年　月			
短期目標	設定日　年　月		目標達成度	達成・一部・未達
	達成予定日　年　月			

サービス提供内容

目的とケアの提供方針・内容		評価		効果、満足度など	迎え(有・無)
		実施	達成		
①		実施	達成		プログラム(1日の流れ)
	月　日 ～ 月　日	一部未実施	一部未実施		(予定時間) (サービス内容)
②		実施	達成		
	月　日 ～ 月　日	一部未実施	一部未実施		
③		実施	達成		
	月　日 ～ 月　日	一部未実施	一部未実施		
④		実施	達成		
	月　日 ～ 月　日	一部未実施	一部未実施		
⑤		実施	達成		送り(有・無)
	月　日 ～ 月　日	一部未実施	一部未実施		

特記事項	実施後の変化(総括)　再評価日:平成　年　月　日

上記計画の内容について説明を受けました。 平成　年　月　日 ご本人氏名: ご家族氏名:	上記計画書に基づきサービスの説明を行い内容に同意頂きましたので、ご報告申し上げます。 平成　年　月　日 介護支援専門員様/事業所様

通所介護 ○○○　〒000-0000　住所:○○県○○市○○ 00-00	管理者:
事業所No. 000000000　Tel.000-000-0000/Fax.000-000-0000	説明者:

※厚生労働省様式

個別機能訓練計画書（参考様式）

別紙様式3

【個別機能訓練計画書】

作成日：平成　年　月　日		前回作成日：平成　年　月　日		計画作成者：				
ふりがな	性別	大正　／　昭和		介護認定	管理者	看護	介護	機能訓練 相談員
氏名		年　　月　　日生（ ）						

本人の希望	家族の希望	障害老人の日常生活自立度 正常　J1 J2 A1 A2 B1 B2 C1 C2 認知症老人の日常生活自立度 正常　Ⅰ　Ⅱa Ⅱb Ⅲa Ⅲb Ⅳ Ⅴ
病名、合併症（心疾患、呼吸器疾患等）	生活課題	在宅環境（生活課題に関連する在宅環境課題）
運動時のリスク（血圧、不整脈、呼吸等）		

個別機能訓練加算Ⅰ

長期目標： 年 月		目標達成度	達成・一部・未達
短期目標： 年 月		目標達成度	達成・一部・未達

プログラム内容	留意点	頻度	時間	主な実施者
①				
②				
③				

プログラム立案者：

個別機能訓練計画書Ⅱ

長期目標： 年 月		目標達成度	達成・一部・未達
短期目標： 年 月		目標達成度	達成・一部・未達

プログラム内容（何を目的に（〜のために）〜する）	留意点	頻度	時間	主な実施者
①				
②				
③				
④				

(注)目的を達成するための具体的な内容を記載する。（例：買い物に行けるようになるために、屋外歩行を練習するなどを記載。）　プログラム立案者：

特記事項	プログラム実施後の変化（総括）　再評価日：平成　年　月　日
上記計画の内容について説明を受けました。 　　　　　　　　平成　年　月　日 ご本人氏名： ご家族氏名：	上記計画書に基づきサービスの説明を行い 内容に同意頂きましたので、ご報告申し上げます。 　　　　　　　　平成　年　月　日 介護支援専門員様／事業所様
通所介護　○○○　〒000-0000　住所：○○県○○市○○ 00-00 事業所No.000000000　　Tel.000-000-0000/Fax.000-000-0000	管理者 説明者

介護概念と介護サービス

※厚生労働省様式

興味関心チェックシート

興味・関心チェックシート

生活行為	している	してみたい	興味がある	生活行為	している	してみたい	興味がある
自分でトイレへ行く				生涯学習・歴史			
一人でお風呂に入る				読書			
自分で服を着る				俳句			
自分で食べる				書道・習字			
歯磨きをする				絵を描く・絵手紙			
身だしなみを整える				パソコン・ワープロ			
好きなときに眠る				写真			
掃除・整理整頓				映画・観劇・演奏会			
料理を作る				お茶・お花			
買い物				歌を歌う・カラオケ			
家や庭の手入れ・世話				音楽を聴く・楽器演奏			
洗濯・洗濯物たたみ				将棋・囲碁・麻雀・ゲーム等			
自転車・車の運転				体操・運動			
電車・バスでの外出				散歩			
孫・子供の世話				ゴルフ・グラウンドゴルフ・水泳・テニスなどのスポーツ			
動物の世話				ダンス・踊り			
友達とおしゃべり・遊ぶ				野球・相撲等観戦			
家族・親戚との団らん				競馬・競輪・競艇・パチンコ			
デート・異性との交流				編み物			
居酒屋に行く				針仕事			
ボランティア				畑仕事			
地域活動 （町内会・老人クラブ）				賃金を伴う仕事			
お参り・宗教活動				旅行・温泉			
その他（　　　　　）				その他（　　　　　）			
その他（　　　　　）				その他（　　　　　）			

※厚生労働省様式

健康な食事

毎日の食事のなかで、必要な栄養素と十分なエネルギーを摂取できることが理想です。しかし、不規則な食事や、高齢などのために偏った食事になる機会が多くなると、健康を損ねるおそれがあります。栄養素の役目と効能、効果的な摂取方法などの知識は、家族や利用者の健康管理に役立てることができます。

5大栄養素

炭水化物	からだに消化・吸収され、脳やからだを動かすエネルギーとなる	米、うどん、パン
たんぱく質	筋肉、皮膚、臓器、血液などの主成分。エネルギーとしても使われる	肉、魚介類、乳製品、卵
脂質	細胞膜、血液、ホルモンなどの原料。ビタミンA、D、Eの吸収を助ける。体内に貯蔵され、エネルギーとしても使われる	バター、油脂類
ビタミン	からだの調子を整え、ほかの栄養素のはたらきを助ける。体内ではつくられないので、食品から摂取する	A：緑黄色野菜、卵黄など B群：レバー、大豆、豚肉、ほうれん草など C：新鮮な野菜、果物 D：カツオ、マグロ、きのこなど E：雑穀、植物油など
無機質	骨や血液の成分、からだの機能の維持、調整。体内ではつくられないので、食品から摂取する	カルシウム：乳製品、海藻、小魚 マグネシウム：大豆、バナナ 鉄：レバー、アサリ、レーズン 銅：ココア、チョコレート 亜鉛：カキ、アーモンド

主な無機質のはたらきと多く含む食品

種類	はたらき	多く含む食品	その他
カルシウム	・骨と歯の成分 ・筋肉の収縮作用 ・血液の凝固作用	・牛乳・乳製品、小魚、小松菜	・ビタミンDとともに摂取すると吸収がよい
リン	・骨と歯の成分	・大豆、卵黄、肉、加工食品	・多すぎるとカルシウムの吸収や利用が阻害される
ナトリウム	・細胞の浸透圧の調節 ・神経伝達	・食塩、漬物、醤油、味噌	・とりすぎると高血圧や心臓病の原因になる
カリウム	・細胞の浸透圧の調節 ・筋肉の機能維持	・野菜、果物、海藻	・ナトリウムの排泄に有効
鉄	・酸素の運搬 ・二酸化炭素の排出	・レバー、卵黄、肉、緑黄色野菜	・欠乏すると貧血になる
亜鉛	・たんぱく質や遺伝子の合成	・魚介類、肉、卵、小麦胚芽	・欠乏すると味覚障害になる

主要ビタミン

	種類	はたらき	多く含む食品	欠乏症
脂溶性ビタミン	ビタミンA	・視力の調節 ・発育の促進	・卵黄、ウナギ、緑黄色野菜 （カロテンとして含む。カロテンは体内でビタミンAになる）	・夜盲症 ・皮膚硬化
	ビタミンD	・歯と骨の成長 ・発育の促進	・魚肉、干しいたけ	・骨の変形 ・くる病
	ビタミンE	・細胞膜機能の維持 ・生殖機能を正常に保つ	・小麦胚芽、植物油	・筋萎縮 ・貧血 ・不妊・流産
	ビタミンK	・止血作用 ・骨の強化	・緑黄色野菜、小麦胚芽	・血液凝固不良

種類		はたらき	多く含む食品	欠乏症
水溶性ビタミン	ビタミンB₁	・神経系統の調節 ・糖代謝に関与	・胚芽、卵黄、豚肉、豆類	・かっけ ・神経系障害
	ビタミンB₂	・発育促進	・レバー、牛乳	・口唇炎 ・口角炎
	ビタミンC	・細胞間の結合組織の強化 ・細胞内の呼吸	・いちご、みかん、緑黄色野菜	・壊血病(かいけつびょう) ・貧血 ・皮下出血

BMI (Body Mass Index)

体格指数ともよばれます。日本肥満学会では、BMI：22の場合を標準体重としており、この体重を統計的に最も病気にかかりにくい体重としています。25以上の場合は肥満、18.5未満である場合は低体重（やせ）とよばれます。

BMI＝体重（kg）÷身長（m）÷身長（m）

BMI	肥満度
40以上	肥満度4
35〜40未満	肥満度3
30〜35未満	肥満度2
25〜30未満	肥満度1
18〜25未満	標準
18以下	やせ

薬と食べ物の飲み合わせ

抗うつ薬＋アボカド	頭痛や血圧が上昇する
降圧薬（カルシウム拮抗薬）＋グレープフルーツ（ジュース）	作用が増強する
抗結核薬＋マグロ、チーズ	頭痛や吐き気など魚の中毒症状を起こす場合がある
総合感冒薬＋コーヒー、コーラ	カフェインの過剰作用で頭痛を起こしたり、眠れなくなったりすることもある
睡眠薬＋アルコール	作用が増強される
抗菌薬、抗生物質、骨粗鬆症薬＋牛乳、ヨーグルト	作用が弱まる
胃薬＋炭酸飲料	炭酸に中和されて作用が弱まる
免疫抑制剤＋セントジョーンズワート（西洋オトギリソウ）	作用が弱まる
抗血栓薬＋納豆	作用が弱まる

役立つ食器

介護の基本は、なるべく自分でしてもらい残っている身体機能を生かしていくことです。とくに食事をする際は、利用者は細かい作業をしなければなりませんが、便利な食器を使えば、イライラしないで楽しく食べることができます。

商品名	使用目的	特徴，備考
Kスプーン 220mm / 20mm	嚥下障害者の食事向け	自然に開口が起こるKポイント（左右どちらかの下奥歯の突きあたりのやや内側にある）を刺激することができるスプーン。 700円（税別）／青芳製作所
SA18-12オリエントソーダスプーン 187mm / 25mm	高さのあるグラスに使用するもの	本来はクリームソーダなどを食べるためのスプーンですが、柄が長いため、介助に利用できます。ヘッドが小さいので、少量ずつ口に運ぶことができます。 840円（税別）／遠藤商事
ケアスプーン 170mm / 30mm	高齢者の食事向け	すくう部分のカーブが通常よりも浅くなっているので、食べ物がスプーンに残りにくくなっています。 336円（税別）／笠吉製作所
バルーンスプーン	握る力が弱い，手や指・腕の筋力が弱い人の食事向け	ネックが手で曲げられるため、その人に合わせた角度に調節できます。もちやすく軽いグリップは耐衝撃性です。 1100円（税別）／青芳製作所

商品名	使用目的	特徴，備考
スポンジ	柄が細いものが持ちにくい人向け	細い柄のスプーンやフォークなどを介護用に変身させる取り付け式のグリップ。エチレンプロピレンゴムなので、滑らず手になじみます。 525～682円（税込）／フセ企画
箸の助	箸が使いづらい人向け	箸をうまく使えないけれど箸で食べたい、という人にぴったり。高級感のあるデザインでありながら、重さは25g。グッドデザイン賞受賞商品。 2800円（税別）／ウインド
レボUコップ	頸部を後屈するとむせが生じやすい人向け	独特な形状は、鼻に当たるコップ縁の部分を削り、顔を傾けなくても水分を摂取できるようになっています。取っ手は取り外し可能で、洗浄も容易。 950円（税込）／ファイン
ほのぼの湯のみ	飲み物を飲むのが大変な人向け	縁がわずかに外側に反っているので、スムーズに飲み干せます。熱さが伝わりにくい中空二重構造。 1200円（税別）／青芳製作所

※価格は変動する場合があります

健康な食事

商品名	使用目的	特徴，備考
夢食器虹彩	幼児やお年寄りの食事自立・支援	作業療法士やリハビリ専門病院スタッフが考案しました。縁が内側に丸まっているため、小さなおかずやスープ類もこぼさずすくえます。 1200～4000円（税別）／アメックス熊本
すくいやすい皿	片麻痺の人向け	傾斜した底面は内側に丸く湾曲しています。片手でも簡単に食事できます。糸底には滑り止めゴムもついています。 2000円（税別）／アビリティーズ・ケアネット
滑り止めシートロール	片麻痺の人向けに食器の下敷きとして使用	用途に合わせて切って使えるシートロール。クッション性があるので、滑り止めやリハビリ器具のグリップなどに巻いて使えます。丸洗い可能。 2000円（税別）／アビリティーズ・ケアネット

※価格は変動する場合があります

快適な生活環境

安全で安心した環境で過ごせるように気を配ることが、利用者のQOLを高め介護者の負担軽減にもつながります。
また、家事の支援をするにあたり十分な知識をもって援助し、自立した生活が送れるように配慮します。

安全で心地よい生活の場づくりのための工夫

玄関・廊下 玄関戸は引き戸が望ましく、スロープや段差解消機を用いて極力段差をなくします。上がり框（かまち）の真上に縦の手すりを設置すると安全に昇降しやすくなります。

出入り口の幅	75cm以上
廊下の手すりの高さ	床面から75～80cm（杖の高さと同じくらい）
廊下の幅	伝い歩きの場合75～78cm、車椅子を使用する場合は85cm以上。施設等ではすれ違いができるよう150cmは必要

階段 事故の起こりやすい場所の1つです。可能であれば生活空間を1階にするほうが望ましいです。

手すり	できれば両側に手すり、片側の場合は下りるときに利き手側に手すりを設置する
段鼻	ゴム製の滑り止めを設置すると踏み外しにくくなるが、はがれないように注意が必要
照明	足元に影ができないように階段の上下2か所に設置。照度は75ルクス以上が高齢者にはふさわしい。足元灯と併用するとより効果的となる

浴室 転倒、溺水、溺死および急激な温度の差による体調の変化など、重大な事故が起こりやすい場所です。

戸	引き戸がよい。間口が160cmあると、3枚引き戸などが利用でき、車椅子でも通行が容易になる

浴槽	背もたれは直角に近く、2方向や3方向に空間があると介助しやすい。しかし、広すぎても溺れる危険性があるので注意が必要。高さは本人がまたぎやすいよう膝くらいの高さ（40〜45cm）がよい
照度	75〜150ルクス程度でよい

トイレ 排泄は精神状態や社会生活に大きな影響を与える行為です。できるだけ自力で排泄できる環境を整備します。

戸	引き戸か外開きが望ましい（中開きはトイレの中で転倒したら開かなくなる）。外からでも開けられる鍵にする
設置環境	居室や寝室から近いことが望ましいが、衛生面に配慮する。暖房設備や手すりを設置する。介助が必要な場合は、便器の前方と側面にそれぞれ50cm以上のスペースがあるとよい。麻痺がある場合は、健側にトイレットペーパー、水洗ボタンを設置する。緊急通報装置は、万が一転倒しても手が届く高さに設置する
照度	50〜100ルクス程度がよい

寝室 プライバシーに配慮すると同時に、寝室で過ごすことが多い場合は居間との距離が近いほうが孤立を防げます。

環境	日当たりや風通しに配慮し、外出時の利便性や緊急時に備えて1階が望ましい
寝具	布団からの立ち上がり動作が困難になるので、ベッドを基本に考えるが、本人の価値観やライフスタイルを尊重することが重要。ベッドの高さは、座位をとったとき足底部が床面に付く高さが適している
照明	直接日光が当たらないようにし、間接照明がよい。高齢者は移動時の安全を考慮すると、居間と同じ30〜75ルクス程度は必要

台所 安全性とともに身体機能に対応できるよう、設備機器の導入や、レイアウトの検討をする必要があります。

設備環境	台所と食卓の作業動線を短くし、レバー水栓やIH調理器などの便利で安全な器具の導入を検討する。車椅子や椅子に座っての調理を考えると、カウンターの高さは通常より低い74〜80cmを目安とし、シンクは12〜15cm浅くするとスペースが確保しやすくなる
照明	台所や食堂は50〜100ルクスとし、調理台などは200〜500ルクスとする

室内環境 部屋の温度や湿度を管理することも快適で安全に生活するために重要な項目です。また、空気の流れをつくることも重要です。1時間に1回は2か所以上の窓を大きく開ければ数分で換気ができます。

温度	冬季17~22℃、夏季25~27℃。室内外の温度差を5~7℃以内にする
湿度	約40~60%

家事の知識

介護職は、利用者が自立して家事ができるよう支援を行います。基本的な家事の知識があると役に立ちます。

衣類の洗濯

 液温は40℃を限度とし、洗濯機の弱水流または弱い手洗いがよい

 液温は30℃を限度とし、弱い手洗いがよい(洗濯機は使用できない)

 水洗いはできない

 塩素系漂白剤による漂白はできない

 アイロンは160℃を限度とし、中程度の温度(140~160℃まで)でかけるのがよい

 ドライクリーニングはできない

 手絞りの場合は弱く、遠心脱水の場合は短時間で絞るのがよい

 日陰の平干しがよい

漂白剤の種類

漂白剤の成分	毛や絹	白	色柄物
次亜塩素酸ナトリウム	×	○	×
過酸化水素	○	○	○
過炭酸ナトリウム	×	○	○
二酸化チオ尿素	○	○	×

※次亜塩素酸ナトリウムと酸性タイプの洗剤や洗浄剤を混ぜると、有毒ガスが発生するので危険
※次亜塩素酸ナトリウムは、ノロウイルスの除菌に有効

繊維の種類と特徴

繊維の種類			特徴		用途
天然繊維	植物繊維	綿	・肌触りがよい	・主成分はセルロース ・しわになりやすい ・丈夫 ・濡れても弱くならず洗濯に耐える ・熱に強い ・吸湿性、吸水性が大きい	・各種衣類 ・タオル
		麻	・冷感がある ・張りがある		・夏物衣類 ・ハンカチ
	動物繊維	毛	・保温性がある ・しわになりにくい ・吸湿性はあるが表面は水をはじく	・主成分はたんぱく質 ・虫害を受けやすい ・アルカリに弱い ・紫外線で黄変する ・熱に弱い ・吸湿性が大きい	・セーター ・スーツ
		絹	・しなやかで光沢がある		・高級衣類 ・ネクタイ ・スカーフ
化学繊維	再生繊維	レーヨン	・絹に似たしなやかさと光沢がある	・原料はパルプやコットンリンター ・吸湿性・吸水性が大きい ・濡れると弱くなる ・しわになりやすい	・婦人服 ・服の裏地
		キュプラ	・光沢があり滑りがよい		・裏地
	半合成繊維	アセテート	・熱で変形を固定することができる熱可塑性がある		・婦人服 ・和装品
	合成繊維	ナイロン	・紫外線で黄変する ・柔らかくしなやかでこしがない	・静電気をおびやすい ・しわになりにくい ・乾きが早い ・吸湿性・吸水性が小さい ・熱に弱い	・ストッキング ・スポーツウエア
		ポリエステル	・こしがある ・比較的熱に強い		・各種衣料
		アクリル	・毛に似た風合いをもつ		・セーター
		ポリウレタン	・ゴムのように伸びる		・水着などのスポーツウエア

便利な歯ブラシ

歯を1本でも多く残すことは、楽しい食事ができるだけでなく、全身機能の向上にもつながります。自分で磨いてもらうときはもちろん、介護者が仕上げ磨きなどをする際に細部まで磨けるデンタルグッズはとても便利です。

商品名	硬さ指標	使用部位	特徴，備考
バームグー	普通	歯	グリップが波状になっているので、歯ブラシの柄を握り込んでしまう高齢者にも握りやすく扱いやすい歯ブラシです。280円（税別）／オーラルケア
to do 7	軟らかめ	歯	1本ずつ磨ける歯ブラシ。先端が面取りした大根のようになっているので、隣接面や歯頸部分の汚れもしっかり取ります。歯科専売品 200円（税別）／オーラルケア
プラウト	普通	歯	三角ヘッドがどんな部位にも正確に当たり、歯間に入り込んだ汚れをかき出します。小回りのきく操作が便利です。歯科専売品 270円（税別）／オーラルケア
EXワンタフト	普通	歯間部，歯頸部，歯周ポケットなど	歯間部、歯頸部、叢生部、臼歯遠心部など、磨き残しがちな部位用歯ブラシ。歯の形状に合わせて3種類の毛先があります。300円（税別）／ライオン歯科材

健康な食事

part3　現場で役立つ資料　143

商品名	硬さ指標	使用部位	特徴，備考
デンタルシグマ	普通・軟らか	歯、舌、歯茎	歯と歯茎だけでなく、粘膜や舌のケアにも適した形状です。煮沸消毒も可能なので衛生的に使用できます。650円（税別）／ビバテック
やわらか歯間ブラシ	―	歯間	ワイヤーを使わないゴム素材なので、歯や歯茎を傷つけずに気になる食べカスや汚れを除去することができます。20本入り360円（税別）／小林製薬
やさしく入る歯間ブラシ	―	歯間	ブラシ先端と後端に極細のソフトブラシがついていますので、歯間に入るときにあたりがやわらかく、抜くときも歯茎を傷つけません。10本入り420円（税別）／小林製薬

※価格は変動する場合があります

心身のケアとQOL

日常生活を快適に送るため、身体機能の維持や向上を心がけることは重要です。
スムーズな排泄や痛みの緩和などの知識は利用者が心地よく過ごすための要素になります。

主要な人体部位の名称

脳の構造

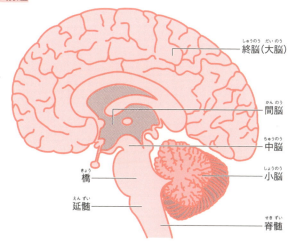

全身の骨格

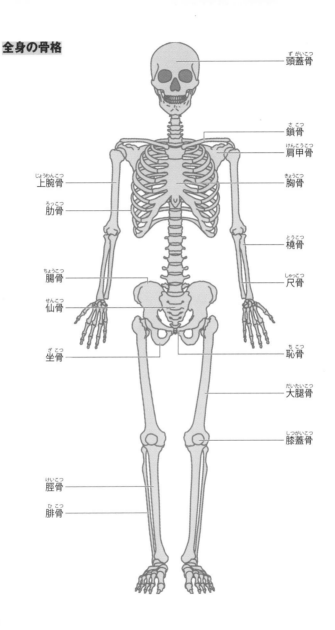

呼吸器の構造

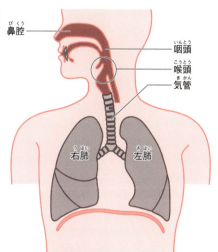

消化器の構造

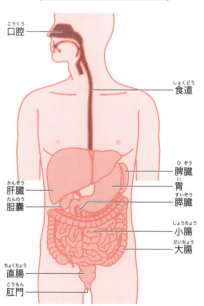

泌尿器の構造

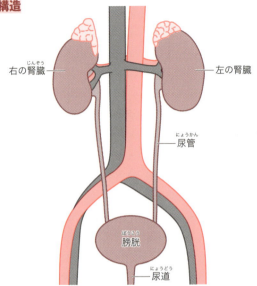

心臓の構造

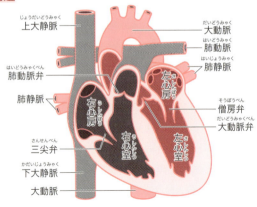

口腔の構造

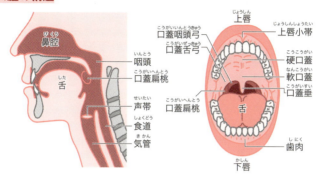

爪の構造

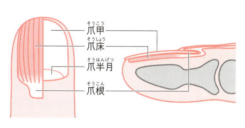

毛髪の構造

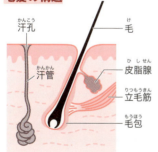

目の構造

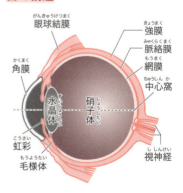

心身のケアとQOL

高齢者に多い病気と生活上の注意点

病名	病気の機序と症状	日常生活での留意点
狭心症	・冠動脈の血流低下により、通常激しい胸の痛みが生じる	・症状が出たときは安静を促し、ニトログリセリンが処方されている場合は舌下する
心筋梗塞	・冠動脈の血流が途絶え、通常激しい胸の痛み、呼吸困難を起こす ・心筋壊死を伴う ・高齢者の場合は胸痛の症状ではなく、肩への放散痛や上腕部の疼痛など一定していない	・緊急対応が必要 ・高齢者は胸痛が軽いか無痛性の場合があるので注意する
心不全	・心臓のポンプ機能が低下した状態 ・一般には息切れやむくみが認められるが、高齢者の場合は自覚症状に乏しく、意識障害、精神錯乱、見当識障害などの症状が出やすい	・急性心不全は緊急対応が必要 ・慢性心不全に対しては薬物療法、食事療法、運動、禁煙、減酒を行う
高血圧	・血圧が、収縮期140mmHg以上、拡張期90mmHg以上と高い状態 ・眩暈、ふらつき、失神などの症状を起こすことがある	・降圧剤（血圧を下げる薬）を服用している高齢者も多い ・薬の種類、服薬状況の確認をする ・眩暈、ふらつきによる転倒に注意する
不整脈	・心拍数が速くなったり（1分間に100回以上）、遅くなったり（50回以下）、リズムが乱れるものをいう	・治療を必要としないものもある ・内服治療の場合は副作用に注意が必要である
慢性腎不全	・腎臓の機能が慢性的に低下し、尿毒症を呈する状態 ・むくみや心不全の合併、気分不快、吐き気などの症状が現れることがある ・糖尿病の悪化が原因となることが多い	・治療はたんぱく・塩分制限が重要で、コントロール不能の場合は血液透析が必要になる
肺炎	・ウイルスや細菌により肺の組織に炎症が起こる病気 ・とくに口腔内の細菌を誤嚥または不顕性誤嚥によって起こる誤嚥性肺炎の頻度が高い	・高齢者は倦怠感、食欲低下などの症状のみで急に発症する特徴がある ・予防には、口腔ケアの徹底や食事前の嚥下体操が効果的である
脳梗塞	・脳の血管が何らかの原因で狭窄するか、閉塞によって血流障害が生じ、脳組織が壊死する状態 ・主な症状はからだの片側の麻痺やしびれ、失語、意識障害などを呈する	・生活習慣病に注意し、塩分制限や脱水を防ぐため十分に水分を摂取する ・規則正しい生活を心がける ・発症の徴候が出現したら直ちに受診する

病名	病気の機序と症状	日常生活での留意点
クモ膜下出血	・クモ膜下腔に出血した状態で、最大の原因は脳動脈瘤の破裂による ・激しい頭痛、項部硬直を起こす	・高齢者は症状が軽い場合もあり、注意が必要である ・緊急対応を行う
パーキンソン病	・神経伝達物質の1つであるドーパミンが減少することで起こるもので、振戦、筋強剛、動作緩慢、姿勢反射障害などの症状がみられる	・転倒に注意する ・治療は薬物治療が中心であるが、リハビリテーションも重要
イレウス（腸閉塞）	・腸内容の通過障害が何らかの原因により起こり、腸液、ガス、糞便などが腸内腔に充満し、排便や排ガスがなくなり、腹痛、嘔吐、腹部膨満などの症状が出現する	・急激に発症し、重篤な全身状態の悪化をもたらすこともあるため、緊急対応が必要である
変形性関節症	・関節軟骨の老化や磨耗により起こる軟骨と骨の変性疾患で、関節が変形していく ・症状が進むと動作中の疼痛や関節の拘縮、筋力低下が起こる	・関節を冷やさないようにする（サポーターの使用が効果的） ・薬物治療と運動療法による適度な運動がよい
関節リウマチ	・原因不明の関節に起こる炎症がもたらす関節痛や腫脹、変形を特徴とする ・女性に多い	・治療法は痛みや炎症を抑える薬物療法やリハビリを行う ・進行により福祉用具や自助具を工夫する
老人性皮膚瘙痒症	・高齢者特有の皮膚の乾燥により皮膚の掻痒が起こる疾患 ・乾燥した冬に多発し、少しの刺激でも激しいかゆみを生じる	・軟膏による予防（保湿）や治療（かゆみ止め）が必要 ・部屋の湿度調整などでなるべく乾燥を防ぐ
帯状疱疹	・通常は、神経に潜伏していた水痘ウイルスにより起こるもので、腹部や背部に帯状に水疱ができ、強い痛みが生じる ・免疫能力の低下した人に発症しやすい	・抗ウイルス剤が有効である ・感染の危険があるため患部には直接触れないようにする
糖尿病	・血糖を下げるインスリンが不足またはうまく作用しなくなるため、血糖値が高い状態が続く病気 ・高齢者は自覚症状に乏しいため注意が必要 ・合併症として神経、腎臓、網膜の障害が出現する	・食事制限の指示など確認する ・治療法は食事療法、運動療法、薬物療法（内服薬・インスリン注射）がある

心身のケアとQOL

拘縮しやすい主な関節と起こりやすい位置（起こりやすい順）

	関節	位置
1	足関節	底屈位（ていくつい）
2	手指関節	屈曲位（くっきょくい）
3	手関節	掌屈位（しょうくつい）
4	膝関節	屈曲位（くっきょくい）
5	肩関節	内転・内旋位（ないてん・ないせんい）
6	肘関節	屈曲位（くっきょくい）
7	股関節	屈曲・内転・内旋位（くっきょく・ないてん・ないせんい）

拘縮が発生する時間

拘縮予防のための関節可動域訓練とストレッチのポイント

利用者の手足がむくんだり、関節に痛みが生じた場合は、医師や看護師と連携をとりながら行います。

	目的	実施のポイント
関節可動域訓練	関節内・関節周囲の組織に対して行う運動	・屈曲・伸展などの運動の切り替え時に反動をつけないこと ・関節を痛めないように最終域で押し込まない ・病前、受傷前の動作能力を確認し、その生活に近づけるために必要な関節の可動域を維持する
ストレッチ	可動域を広げる目的で、筋繊維の柔軟性を高める運動	・硬くなりやすい筋肉（2つの関節をまたぐように走行する二関節筋）をほぐす ・筋肉の性質は収縮と伸展であり、元に戻ろうとする"収縮"の要素が強いため、伸展させる ・行う回数ではなく、持続的伸張が効果を高めるために勢いをつけずに"ジワー"っと行う

齋竹一子ほか："拘縮"の基礎知識とかんたん予防法．ベッドサイドリハビリテーション実践ガイド，Nursing Mook 71，学研メディカル秀潤社，2012 より引用

バーセルインデックス

高齢者の日常生活動作の自立度を評価する方法。自立度に応じて点数を設定しており、完全自立の場合は100点となる

食事	自立している。自助具を使用して食物を切ったり、塩、こしょうをかけたり、バターを塗ったりもできる	10
	食物を切ってもらうなど、少し介助がいる	5
ベッドと車椅子の相互移動	全段階で自立している。フットレストやブレーキロックの操作もでき、スムーズにベッドと車椅子間を移動することが可能	15
	動作のどこかで最小限の手助けや、安全のための声かけ、見守りがいる	10
	手助けなしで座っていることはできるが、移動のためには多くの手助けがいる	5
身だしなみ	手洗い、洗顔、髪をとかす、歯みがき、ひげ剃りなどができる。自分のひげ剃りを棚から取り出したりもできる。女性は自分で化粧ができる	5
トイレ	自分でトイレに行き用を足すことができる（衣服の上げ下ろしやトイレットペーパーを使用した拭き取り、水を流す）	10
	姿勢の安定や服の着脱、トイレットペーパーの使用などに一部介助が必要	5
入浴	他人の助けなしで入浴でき、からだも洗える	5

水平面の歩行	見守りや手助けなしで、少なくとも45m歩ける。補助具や杖は使用してもよい。車輪付き歩行器は不可	15
	見守りや少しの手助けがあれば少なくとも45m歩ける	10
	歩行はできないが、車イスで45m進める	5
階段昇降	手助けなしに階段の昇降ができる。その際、手すりや杖などを使ってもよいが、杖は自分で扱える必要がある	10
	介助や見守りが必要	5
着替え	ファスナーの上下や靴ひも結びなどを含め、洋服の着脱が自力でできる（治療用の補助具も含める）	10
	介助は必要だが、適切な時間内に半分以上は自分の力で着脱できる。女性はブラジャーやガードルの着脱は含めない	5
排便	なんの問題もなく排便のコントロールができる。必要ならば、座薬や浣腸もできる	10
	ときたま失敗する。座薬や浣腸の際に介助が必要	5
排尿	一日中いつでも排尿のコントロールができる。尿器の扱いもできる	10
	時折失敗する。尿器の取り扱いなどに介助が必要	5

Mahoney FI, Barthel DW. Functional evaluation:the Barthel index. Md State Med J. 1965;14:61-65.

良肢位

関節にかかる負担が少ない関節の角度。日常生活では、できる限り良肢位に近づけておくと、疲労が少なくなる。

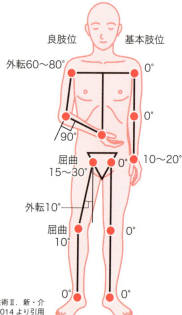

介護福祉士養成講座編集委員会編：生活支援技術Ⅱ．新・介護福祉士講座，中央法規出版，2014より引用

関節	良肢位	備考
肩関節	外転60〜80°、屈曲30°、外旋20°	手が顔や頭に届く角度
肘関節	屈曲90°、前腕回旋内外中間位（0°）	手が顔や頭に届く角度
手関節	背屈10〜20°	少し尺屈位が便利
指関節	軽く筒を握ったような形で、母指は対立位	指関節の伸展位、母指の内転位が起こりやすい
股関節	屈位15〜30°、外転0〜10°、外旋0〜10°	歩行と座位が可能
膝関節	屈曲10°	完全伸展位は生活に不便
足関節	背屈底屈中間位（0°）	歩く、靴を履くことが可能

廃用症候群
はいようしょうこうぐん

過度に安静にしたり、活動量が低下したりすることで、心身にさまざまな障害が起こる。とくに高齢者が病気などで長期間の療養が必要であるときに起こりやすい。気づかないうちに進行しており、病気が軽快したときには歩けなくなっているケースも少なくない。

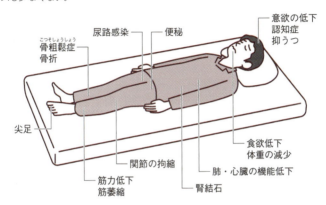

介護福祉士養成講座編集委員会編：生活支援技術Ⅱ．新・介護福祉士講座，中央法規出版，2014より引用

廃用症候群によって生じる主な症状

運動器障害	呼吸・循環障害	自律神経障害	精神障害	呼吸機能低下
廃用性筋萎縮	起立性低血圧	便秘	不安	肺うっ血
筋力低下	深部静脈血栓症	尿・便失禁	抑うつ	嚥下障害
関節拘縮	肺塞栓症	低体温症	意識低下	誤嚥性肺炎
異所性骨化	浮腫		食欲不振	
骨粗鬆症	褥瘡		睡眠障害	
腰背部痛			認知症など	

褥瘡の進行度

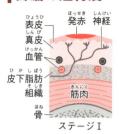

ステージⅠ	ステージⅡ	ステージⅢ	ステージⅣ
表皮の欠損はなく発赤がみられる段階（表皮に損傷はないが熱感をもつ）	表皮と真皮の欠損があり、水疱、びらん、皮膚潰瘍がみられる段階（痛みが出現する）	欠損が皮下脂肪組織に至った段階（感染を起こしやすい状態）	欠損が筋や骨に及んだ段階（強い痛みがあり、外科的治療が必要）

小板橋喜久代編：こころとからだのしくみ．最新介護福祉全書．メヂカルフレンド社，2011 より引用

褥瘡の好発部位

【仰臥位の場合】

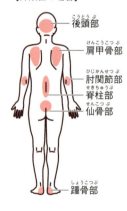

【側臥位の場合】

トピックス

「体位変換は2時間おき」はもう古い？

自力で動けない利用者に対する体位変換は、褥瘡予防のための重要なケアの1つです。

褥瘡予防のための体位変換は、古くから2時間ごとに行うのが定説とされてきました。

その後、褥瘡に対する研究が進み、その発生には、体圧だけでなく、外力（垂直方向に引っ張られる引張応力、ちぎれるような剪断応力）や栄養状態、尿・便失禁、関節の拘縮、病的骨突出、日常生活自立度、スキンケアなど、さまざまな要因があることがわかってきました。そんななかでも体位変換に対しては長く「2時間ごと」が継承されてきましたが、2005年、標準マットレスを使用して2時間ごとに体位変換を実施するよりも、体圧分散寝具を使用して4時間ごとに体位変換をしたほうが、褥瘡発生率が低減するとの報告がありました。

また、在宅医療への移行が進むなか、介護者（家族）が2時間ごとに体位変換を行うことは大きな負担となり、それによる介護者の疲弊、家庭崩壊などにつながるといった問題も表面化してきました。

在宅では介護者負担をふまえて体圧分散寝具の選択を

在宅の場合、訪問看護や訪問介護の時間を除き、介護を行うのは主に家族であり、老老介護の世帯も増加しています。体位変換のために夜間の睡眠が妨げられるのは介護者も同様で、やがて自宅での介護継続が困難になることもあります。

『褥瘡予防・管理ガイドライン第3版』（日本褥瘡学会）では、在宅療養の介護者負担を軽減する方法として、「自動体位変換機能付エアマットレスを使用してもよい」としています（推奨度C1※）。

自動体位変換機能付エアマットレスは、仰臥位と側臥位の一連の動きが自動ででき、その際のポジショニングの安定や体位変換時のベッドの角度などを自動設定するなどの機能があり、介護保険による貸与が可能です。

適したマットレスを導入するには、看護師をはじめとする医療関係者の助言が必要となります。

心身のケアとQOL

※本ガイドラインにおける推奨度C1とは、根拠が限られているため、行うことが勧められるまでには至らないものの、臨床現場におけるケアの重要な指針となる項目であり、策定委員会の合議によって「根拠は限られているが、行ってもよい」とされています。

尿失禁の分類と原因

失禁のタイプ	分類	原因	臨床症状
腹圧性尿失禁	蓄尿障害	・膀胱内圧が尿道内圧を超えるために尿が漏れる ・骨盤底筋の脆弱化により、膀胱や尿道の位置が解剖学的に変化する	・咳やくしゃみなど急な腹圧がかかったときに尿が漏れる
切迫性尿失禁	蓄尿障害	・膀胱の知覚障害と不随意な膀胱収縮があり、尿意を抑制できずに尿が漏れる	・尿意はあるが、がまんできずに漏れる ・強い尿意切迫感がある
溢流性尿失禁	排出障害	・脊髄疾患や糖尿病，骨盤内手術後などの神経の障害により、排尿時の膀胱収縮力が低下	・常に蓄尿状態で残尿が多い ・1回の尿量が少量ずつしか出ない ・尿意が明確でない
反射性尿失禁	蓄尿障害	・脳や脊髄損傷などのために排尿をコントロールできない	・尿が溜まっても排尿をがまんできず反射的に尿が出る
機能性尿失禁	その他	・膀胱・尿道に異常はないが、認知障害、高次脳機能障害または運動機能障害などで起こる	・トイレの位置の認識ができない ・麻痺や痛み、環境により排尿動作ができない

ブリストルスケール

1. コロコロ便
硬くコロコロの兎糞状の（排便困難な）便

2. 硬い便
ソーセージ状であるが硬い便

3. やや硬い便
表面にひび割れのあるソーセージ状の便

4. 普通便
表面がなめらかで軟らかいソーセージ状、あるいは蛇のようなとぐろを巻く便

5. やや軟らかい便
はっきりとしたしわのある軟らかい半固形の（容易に排便できる）便

6. 泥状便
境界がほぐれて、ふにゃふにゃの不定形の小片便、泥状の便

7. 水様便
水様で、固形物を含まない液状の便

下痢の種類と発生機序

種類	発生機序
浸透圧性下痢	腸管内に入った物質が吸収されにくいため、管内の浸透圧が高くなり、体液が滲出することによって腸内の溶液が増加する
滲出性下痢	消化管に炎症が発生するなどで腸粘膜の浸透性が高まる、これによって滲出液が腸管内に多量に流れ込む
分泌性下痢	分泌液がさかんに排出されるために起こる。ホルモンや脂肪酸、エンテロトキシンの影響による
腸蠕動運動亢進による下痢	腸管運動の亢進によって内容物が急速に通過し、水分吸収量が低下する。結果的に糞便水分量が増加する
先天性障害による下痢	小児に見られるまれな疾患で、先天的に電解質と水の吸収が障害されている
病態生理不明	その他アジソン病や副甲状腺機能低下症、肝硬変などで見られる下痢

布施順子:下痢.経腸栄養——管理プランとリスクマネジメント(吉田貞夫編), サイオ出版, 2015より引用

便秘の種類と腸の状態

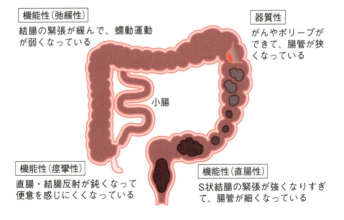

機能性(弛緩性)
結腸の緊張が緩んで、蠕動運動が弱くなっている

器質性
がんやポリープができて、腸管が狭くなっている

小腸

機能性(痙攣性)
直腸・結腸反射が鈍くなって便意を感じにくくなっている

機能性(直腸性)
S状結腸の緊張が強くなりすぎて、腸管が細くなっている

前田耕太郎編:徹底ガイド 排便ケア Q&A. 総合医学社, 2006より引用

痛みの評価

表情評価スケール：FRS（Face Rating Scale）

痛みがない状態を笑っている顔とし、最大の痛みを泣いている顔とした場合に、現在の痛みがどのくらいなのかを選んでもらう方法。

数値評価スケール：NRS（Numeric Rating Scale）

痛みの程度を11段階に分けて評価してもらう。国際的に痛みの評価ツールとして用いられている。

痛みなし 0 1 2 3 4 5 6 7 8 9 10 想像できる最大の痛み

視覚評価スケール：VAS（Visual Analogue Scale）

10cmの長さの直線片方の端を0（痛みなし）、もう一方を10（または100、これ以上の痛みは考えられない）とし、患者のもつ痛みの強さを患者自身に指し示してもらい、0からの距離が何cmあるかで痛みの目安とする。

意識レベルの評価

ジャパンコーマスケール (JCS)

意識障害を評価する方法で、3-3-9度方式ともよばれる。間脳・中脳・延髄への侵襲の目安として判定しやすいという特徴がある。

III	刺激をしても覚醒しない状態（3桁の点数で表現）
300	痛み刺激に全く反応しない
200	痛み刺激で少し手足を動かしたり顔をしかめる
100	痛み刺激に対し、払いのけるような動作をする
II	**刺激すると覚醒する状態（2桁の点数で表現）**
30	痛み刺激を加えつつ呼びかけを繰り返すとかろうじて開眼する
20	大きな声または体を揺さぶることにより開眼する
10	普通の呼びかけで容易に開眼する
I	**刺激しないでも覚醒している状態（1桁の点数で表現）**
3	自分の名前、生年月日が言えない
2	見当識障害がある
1	意識清明とは言えない

グラスゴーコーマスケール (GCS)

世界的に用いられている意識レベル評価方法。3つの側面から評価するので、複雑になる。

1 開眼 (E)	
自発的に開眼	4
呼びかけにより開眼	3
痛み刺激により開眼	2
なし	1

2 最良言語反応 (V)	
見当識あり	5
混乱した会話	4
不適当な発語	3
理解不明の音声	2
なし	1

3 最良運動反応 (M)	
命令に応じて可	6
疼痛部へ	5
逃避反応として	4
異常な屈曲運動	3
伸展反応（除脳姿勢）	2
なし	1

※正常ではE、V、Mの合計が15点、深昏睡では3点となる

覚えておきたい用語

数字・欧文

2動作歩行
杖と患側の脚を同時に出し、次に健側の脚を前に出す。3動作歩行より速く歩けるが、不安定なため自立度が低い人には不向きである

5W1H
what（何が、何を）
where（どこが、どこで、どこを）
why（なぜ、何のため）
who（誰が、誰に、誰を）
when（いつ、いつまで）
How（どんな方法で、費用はいくら）

ADL（日常生活動作）
食事や排泄、更衣、整容、移動、入浴等の日常生活をするうえで基本的な行動をさす

IADL（手段的日常生活動作）
毎日の生活に必要な動作のなかでも、ADLより高度な判断が必要とされる動作をさす。たとえば料理や買い物、掃除などの家事のほか、電話をかける、薬の管理、電車に乗る、車に乗るなども含まれる

BPSD (Behavioral and Psychological Symptoms of Dementia)
「認知症の行動・心理症状」と訳される。主な症状は粗暴な行為、被害妄想、徘徊、抑うつ状態、昼夜逆転、睡眠障害、失禁、性的な言動など。日常生活で現れた場合は、要因に合わせた対応をする

HDS-R
長谷川式簡易知能評価スケール。長谷川和夫氏により開発された、記憶、見当識、計算などで簡便に行えるスケール

MMSE
ミニメンタルステート検査。アメリカのフォルスタインらにより開発された、認知症診断用テスト。30点満点の11項目の質問で構成されている。口頭での回答と図形の模写などで簡便に行えるスケール

あ行

アイデンティティ
自己同一性。アメリカの心理学者・エリクソンが提唱したもので、「自分とはなにか」「これからどうしたらよいのか」ということへの意識。青年期の課題としてあげられてい

る。これを獲得するための準備期間をモラトリアムという

上がり框（あがりがまち）
日本家屋にある玄関の段差。框とは床や玄関の段差の端面を隠すためにつける化粧材のこと。バリアフリー観点からは、この段差は10cm以下が推奨される

アポクリン腺（せん）
汗腺の1つ。腋窩や乳房、耳の中、陰部にあり、たんぱく質や皮質、アンモニア、鉄分などの有機成分を含んでいる。さらにこれらが常在菌によって分解されるため、においを発する

アミノ酸価（さんか）
食品たんぱく質の栄養価を示す指標。その食品のたんぱく質に含まれる各必須アミノ酸が、必要量に対してどれくらいの割合となるかを計算したもので、100が最も良質なたんぱく質ということになる

医学的モデル（いがくてき）
障害のある人にどのような援助が必要かを考える際のアプローチ方法の1つ。障害を個人の問題としてとらえ、病気やけがなどによって生じたものであると考える。個別に治療をしたり、リハビリテーションをすることで、対応や克服ができる

意味記憶（いみきおく）
単語や記号の意味に関する一般的な知識。「馬は脊椎動物である」といった、情報に関する記憶

うつ状態（じょうたい）
抑うつ状態ともいう。気力や意欲が低下して、何をする気も起こらなくなる。これにともない不安症状、睡眠障害、食欲低下などが起こり、日常生活に支障をきたすようになった状態

うつ病（びょう）
主症状は抑うつ気分で、何をしても楽しくない、何もしたくない感じが続く。何事にも無感動になる。症状は午前中に強く出て、夕方から夜にかけて軽くなることが多い。周囲の人の禁忌としては、①「頑張れ」と励ますこと、②転地療養を勧める、③相手の言うことを否定したり口を挟んだりすること、などがある

運動性失語（うんどうせいしつご）
失語症の分類の1つ。他人の話すことは理解できるが、自分の言葉はうまく発することができない

エクリン腺（せん）
汗腺の1つ。唇や瞼を除く全身に

あり、とくに頭や顔、背中に多くある。99％が水なのでサラサラしていて、においはない

エピソード記憶
「意味記憶」と違い、個人的な経験や出来事についての記憶。ある本を見て「この本は昔、親友にプレゼントされた」といった思い出やそこから連想される親友との思い出などがこれにあたる

エビデンス
日本語では「根拠」「証拠」などと訳される。保健医療用語として使う場合は、実験や研究、調査などによって効果効能が裏付けられていることをさす

嚥下体操
食べ物を飲み込む筋肉の維持・回復のための体操。トレーニングすることで、誤嚥しにくくなるほか、口臭、会話、表情などの改善にも好影響を与える

応益負担
受けたサービスや利益に応じて金銭などを支払うこと。通常の買い物などがこれにあたる

応能負担
受ける利益に関係なく、自分の所得（経済的能力）に応じて決められた金額を支払う方法。所得税や、医療、介護、福祉サービスで適用されている

温度・湿度
適切な室温：20度前後
夏場：25度前後
冬場：15度前後
適切な湿度：50％

か行

介護保険審査会
保険者（市町村）が行った介護認定や保険料徴収などの行政処分に対し、不服がある場合に被保険者が審査請求をする第三者機関

介護保険制度における被保険者
介護保険では40歳以上はすべて被保険者。被保険者は、65歳以上だと第1号保険者、40歳以上65歳未満を第2号保険者とよぶ

概日リズム障害
昼夜のリズムと体内時計が大きく違ってしまうことで、日中の眠気や夜間の不眠などが続き、一般的な社会生活を送るのに支障をきたすようになる疾患

疥癬
ヒゼンダニが人体の皮膚の角質層に入って寄生する疾患。人から人

へ感染する。主な症状は疥癬トンネルや、激しいかゆみを伴った赤い湿疹

回廊式
認知症の周辺症状である徘徊への対策として設置された、廊下や施設をさす

仮性球麻痺
延髄ではなく、大脳皮質と延髄を結ぶ神経に障害が起こることで発生する。主な症状は、構音障害や嚥下障害

感覚性失語
言葉を話したり、書いたりすることは問題なくできるが、他人の言っていることが理解できない失語症

緩和ケア
重い病を抱える患者や、その家族一人ひとりのからだや心などのさまざまなつらさをやわらげ、より豊かな人生を送ることができるように支えていくケア

気化熱
液体が気化することに要する熱量。皮膚を濡れたままにしておくと、体表から皮膚温が奪われる

共感
相手の気持ちに理解や興味があることを示し、自分もその立場になって感じている状態のこと。カウンセリングにおいては、積極的に話を聴こうという姿勢を示すことが大切である

共感的理解
利用者の話に耳を傾け、痛みや感情などを理解すること。また、身体的・精神的・社会的・霊的(スピリチュアル)な側面から理解しようとするもの

業務独占資格
資格取得者のみが、その業務を行うことができる資格。当然、名称も独占する。例：医師、看護師、薬剤師など

筋萎縮性側索硬化症(ALS)
筋肉を動かし、運動を司る運動神経の変性により、脳からの指令が伝達されなくなる疾患。そのため四肢だけでなく、咽喉、舌の筋萎縮・筋力低下が起こり、四肢麻痺、嚥下障害、呼吸不全が生じる。国の難病指定を受けている疾患

緊急やむを得ない身体拘束
介護保険規定基準により、緊急やむを得ない場合には身体拘束が認められているが、これは「切迫性」

「非代替性」「一次性」の3つの要件を満たしている場合に限る

①**切迫性**：利用者本人または他の利用者の生命または身体が危険にさらされる可能性が著しく高い場合

②**非代替性**：行動制限等を行う以外に代替する介護方法がない場合

③**一時性**：身体拘束は一時的なものである場合

クーリング・オフ

契約した後でも冷静に考え直す時間を消費者に与え、消費者に不利益な契約を、一定期間内であれば無条件で解約できる制度。クーリングオフできる取り引きは、以下のようなものがある

訪問販売
電話勧誘販売
連鎖販売取引
特定継続的役務提供
業務提供誘引販売取引
訪問購入

クオリティ・インプルーブメント

より質の高いサービスを提供することによって、多くの事故が未然に回避できるという考え方

グリーフワーク

喪の作業、悲哀の作業ともいう。大切な人と死別した遺族が受ける大きな悲しみ（グリーフ）を経験した人が、その深い悲しみを乗り越えるために長期間にわたって行う心のプロセス。この期間を助け、支えていくことをグリーフケアという

グループホーム

認知症対応型共同生活介護ともよぶ。認知症の症状をもち、病気や障害で生活に困難を抱えた高齢者がスタッフの手を借りながら1ユニット（5～9人）で共同生活する形態。施設内で食事、掃除、洗濯などを専門スタッフと利用者が共同で行い、家庭的で落ち着いた雰囲気のなかで生活できる

クローン病

厚生労働省の特定疾患。原因は不明で、全消化管に炎症や潰瘍が生じる。若年層の発症が多い

ケアハウス

軽費老人ホーム（C型）ともいう。自炊できない程度の健康状態にあり、独立して生活するには不安が認められる60歳以上の高齢者で、身寄りがない、または家庭環境や経済状況などの理由により、家族との同居が困難な人が対象となる

経管栄養

口から食事をとれない場合や栄養が不十分な場合に、鼻腔や腹壁か

ら直接、胃または腸にチューブを入れて水分や栄養補給を行う方法

傾聴 (けいちょう)
コミュニケーション技術の1つで、相手の話す言葉を熱心に聞くこと。途中で自分の意見や訂正などを挟まず、相手を理解しようとしていることを目線や態度などでも示すとよい (p115)

結晶性知能 (けっしょうせいちのう)
一般常識や判断力などこれまでの経験と知識によって蓄積される能力であり、学校教育や社会経験のなかで育てられる。60歳頃まで緩やかに上昇し、後は緩やかに下降していく

構音障害 (こうおんしょうがい)
口唇や舌、下顎、軟口蓋、咽頭や喉頭など言葉を発生するために必要な器官に問題があり、正常な言葉が発せられない言語障害。形状を変化させ、思考や言語の構成過程に問題はないのに、うまくしゃべれないということになる

口腔ケアの留意点 (こうくう／りゅういてん)
①自立性（できることは自分で）
②安全性（誤嚥に注意し、安全を確保する）
③有効性（効率的で効果的な方法）
④普遍性（誰が行っても同等の効果がある）
⑤経済性（経済的で効果的な方法）

口腔カンジダ症 (こうくう／しょう)
真菌の一種であるカンジダ・アルビカンスによる口腔粘膜の疾患で、鵞口瘡 (がこうそう) ともいう。抵抗力が低下している乳幼児や高齢者に多く発症する。白色の偽膜や白苔が口蓋や頬、舌等の口腔粘膜に見られる

口腔粘膜 (こうくうねんまく)
舌、歯肉、頬、口唇、口蓋等を覆っている軟組織。分泌や吸収などの機能があり、神経や血管が分布している

合計特殊出生率 (ごうけいとくしゅしゅっせいりつ)
1人の女性が生涯に何人の子を産むかを示す値。およそ、2.08なら人口は増加も減少もしない。第一次ベビーブームだった1948（昭和24年）には4.32だったが、2003（平成17年）に1.26まで減少した。ただし、その後は微増しており2013（平成25年）では1.43となっている

広範虚血型 (こうはんきょけつがた)
認知症の1タイプ。脳の主幹動脈が閉塞して、大脳皮質・白質ともに広範囲障害されて発症する

誤嚥性肺炎
口腔細菌を含んだ唾液や胃液が食道ではなく、気管や肺に流れ込んで肺炎を発症してしまう疾患。高齢者の肺炎の70％が誤嚥に関係している

高齢者虐待の類型
①身体的暴行
②ネグレクト
③心理的虐待
④性的虐待
⑤経済的虐待

高齢者住まい法
正式名称は「高齢者の居住の安定確保に関する法律」（2001〈平成13〉年）。この法により、高齢者の入居を拒まない高齢者円滑入居賃貸住宅（高円賃）や高齢者を主に賃借人とする高齢者専用賃貸住宅（高専賃）等が創設された

絞扼感
締めつけられるような痛み

呼吸苦悶感
呼吸をすることが困難に感じ、浅くて速い呼吸を繰り返すこと

個人データ開示の例外規定
①本人または第三者の生命、身体、財産その権利利益を害する恐れのある場合
②当該個人情報取扱事業者の業務の適正な実施に著しい支障を及ぼす恐れがある場合
③他の法令に違反することとなる場合

コンプライアンス
行動規範のこと。介護福祉士は倫理的自覚をもって介護福祉サービスの提供に努めなければならない

さ行

支持基底面
身体を支える面積のこと。立っているときは両足の裏とその間の範囲が支持基底面、仰臥位なら頭、背中全部が支持基底面となる。支持基底面が広ければ体幹が安定する

視床下部
脳の一部で、間脳の下部にある。自律神経の中枢で、体温調節や睡眠、生殖、代謝などを司る重要な器官

死体検案書
死亡理由などについて検案内容を記した書類のこと。死亡診断書と同じように、死亡について証明する。歯科医師は発行できない。死体検案書も死亡診断書も、同一の書式である

シックハウス症候群
住宅建築に用いられる材料に含まれる化学物質が、室内の空気を汚染することによって引き起こされるさまざまな健康障害の総称。主な症状は鼻水や喉の痛み、吐き気、頭痛、発疹などがあげられる

実行機能障害
認知症の中核症状の1つ。目的をもった一連の行動を自立して有効に成し遂げるための必要な機能が障害される。たとえば、料理の作り方がわからなくなる、電話のかけ方がわからないなど、だれでも簡単にできるようなことができなくなる

自閉症スペクトラム
スペクトラムとは「連続体」という意味。典型的な重度の自閉症から定型発達まで症状が連続していて明確な境界は存在しないなど、はっきり区別できないものを無理に分けず広く自閉症ととらえる考え方。診断基準として、以下の3点があげられる（ローナ・ウィングら）
①対人関係の形成が難しい「社会性の障害」
②ことばの発達に遅れがある「言語コミュニケーションの障害」
③想像力や柔軟性が乏しく、変化を嫌う「想像力の障害」

弱視（ロービジョン）
医学的な弱視に対し、社会的、教育的弱視をさす。全盲ではないがメガネやコンタクトレンズを使ってもよく見えない。視覚による日常生活は可能であるが、著しく不自由なものをさす。高齢者では加齢黄斑変性や白内障、緑内障が代表的疾患

斜方接近法
ベッドに対して車椅子を斜めの向きにして、利用者の健側を接近させる方法

住生活基本法
2006（平成18）年の新しい住宅施策の法令。この法を受けて、住生活基本計画が閣議決定された（2006年）。ユニバーサルデザインの促進、省エネルギー対策対応住宅の増加、住宅確保に配慮を要する者の居住の安定確保、バリアフリー化の促進等が主な目標

住宅用火災警報器
2006（平成18）年の消防法改正により、新築住宅の居室や階段上に設置が義務づけられ、既存住宅は市町村条例により2011（平成23）年6月1日までに順次義務化された

小規模多機能型居宅介護
地域密着型サービスの1つ。要介護状態になっても、住み慣れた地域でそれまでの生活を維持し、尊厳をもって自分らしく暮らすことができるよう、「通い」を中心に要利用者の容体や希望に応じて、「訪問」や短期間の「泊まり」を柔軟に組み合わせ、中重度となっても在宅での生活が継続できるように支援していくサービス

常同行動
前頭葉を主病変とする前頭側頭型認知症や自閉症などによくみられる症状。常に同じ行動や行為を目的もなく繰り返す

褥瘡
→p158

自律神経
全身の臓器の活動と休息を司っている神経。活動や緊張したりしているときにはたらく交感神経と、リラックスしたり、休息・睡眠しているときにはたらく副交感神経がある。ストレスなどで活動のリズムが乱れると、不眠や頭痛、肩こり、動悸などの身体症状が起こる

自立支援
「身体的自立」「精神的自立」などがある。社会福祉の基本理念としては、支援なしに自分でできるようになることではなく、利用者の能力に応じて、自立した生活が営めるように支援することとしている

進行性筋ジストロフィー
筋線維の破壊・変性により、しだいに筋萎縮と筋力低下が進行していく遺伝性筋疾患。デュシェンヌ型、ベッカー型、肢体型などさまざまな病型があり、発症頻度の最も高いのはデュシェンヌ型である

随意筋
自分の意思によって動かすことのできる筋肉で、骨格筋がこれに相当する。反対に、自分の意思では動かせない筋肉を不随意筋とよび、心臓や胃腸の筋肉がこれにあたる

睡眠負債
成人に必要な1日平均7〜8時間という睡眠量がとられていない場合、その総睡眠不足時間の名称。平日は毎日5時間の睡眠しかとれていなければ、週末には10時間の睡眠負債がある。かといって、週末に睡眠負債をなくそうと長時間の睡眠をとっても、集中力や注意力などは回復しないことがわかっている

スプリンクラー
2009（平成21）年消防法の改正により275m²以上の社会福祉施設には設置が義務づけられた。それと同時に、面積に関係なくすべての施設で消火器具、自動火災報知設備、消防機関へ通報する火災報知設備の設置も義務づけられた

生活保護の基本原理・基本原則
基本原理
①国家責任の原理
②無差別平等の原理
③最低生活保障の原理
④保護の補足性の原理

基本原則
①申請保護の原則
②基準および程度の原則
③必要即応の原則
④世帯単位の原則

静水圧
静止している水中ではたらく圧力。水中の1点に作用する圧力は全方向同じ大きさで、その大きさは水の密度・重力加速度・深さの積に等しい

生活史
その人がこれまで生きてきた時代背景や、生活の歴史のこと。生活史を知ることは、利用者の現在の行動や思考の理由や傾向を理解する手がかりにつながる

生体防御機能
体内に侵入してくるウイルスなどからからだを防御する免疫機構で、一般的にからだの抵抗力をさす。高齢者は免疫能力が低下しやすいため、さまざまな感染性疾患に罹患しやすくなる

洗口剤
口臭を抑え、虫歯や歯周病の予防目的に使用する液体。市販の商品は除菌・殺菌作用をもつものが多いが、水に柑橘類を入れれば唾液分泌効果や清涼感を得るために使用できる。また、緑茶を利用する場合は、カテキンやフッ素を多く含んでいるので消臭や抗菌、むし歯予防等の効果を得ることができる

全人的痛み（Total Pain）
終末期の患者、利用者の身体的な痛みだけでなく精神的、社会的、スピリチュアルな痛みすべてをさす

全人的理解
利用者を身体、心理、社会的立場など、あらゆる角度から理解すること

尖足
足関節が足底の方向へ曲ったままになってしまう状態。かかとが地面につかず、つま先歩きのようになる。廃用症候群や麻痺等の二次

障害でアキレス腱が萎縮した結果、足先が垂れ下がって拘縮を生じる

蠕動運動(ぜんどううんどう)
消化管が収縮し、摂取した食物を食道から直腸まで移動させる運動。自律神経の作用で不随意に行われる

相談支援専門員(そうだんしえんせんもんいん)
一般的には障害者が地域で暮らすために必要なサービスや制度の利用方法を提供できる知識をもった人。ケアマネジメントを実施する専門職である。都道府県知事から指定を受けた指定相談支援事業所などに配置される

た行

代謝(たいしゃ)
体外から取り入れた栄養などの物質を、体内で活用できるように合成・分解すること

大脳皮質(だいのうひしつ)
大脳の表面に広がる神経細胞の層。感覚や本能、情動などの神経の中枢がある

脱抑制(だつよくせい)
状況に対する反応としての衝動や、感情を抑えることが不能になった状態。外的な刺激に対し、衝動的な反応や内的な欲求を制御することができず本能のままに行動する。前頭側頭型認知症の初期に認められる症状の1つ

多発小梗塞型(たはつしょうこうそくがた)
認知症の1タイプ。血管のあちこちで閉塞したものをさす。梗塞が多発した状態

ターミナルケア
終末期の患者や利用者に対する身体的・精神的な援助。疼痛緩和治療や、安らかな気持ちで死を迎えさせるためのケアなどが重要となる

チアノーゼ
血液の循環が滞るために酸素が欠乏した状態になる。そのため皮膚や粘膜(とくに口唇や爪)が暗青色になった状態

地域ケア会議(ちいきけあかいぎ)
地域包括支援センターや市町村が主催し、医療、介護等の他職種が協働して高齢者の個別課題の解決をはかるとともに、個別ケースの課題分析を積み重ねることにより、地域に共通した課題を明確化し、課題解決に必要な社会資源の開発などにつなげる。2015(平成27)年からの第6期介護保険事業計画から実施が必須とされている

地域支援事業
要支援・要介護状態になる前から、介護予防を推進するための事業。内容は大きく4つに分けられる
①介護予防事業
②介護予防・日常生活支援総合事業
③包括的支援事業
④任意事業

地域自立支援協議会
障害者自立支援法の省令・公示で位置づけられている。実施主体は市町村行政

地域包括ケアシステム
地域の実情に応じて、高齢者が可能な限り住み慣れた地域で、その有する能力に応じて自立した日常生活を営むことができるよう、医療、介護、介護予防、住まいおよび自立した日常生活の支援が包括的に確保される体制のこと

地域包括支援センター
地域住民の保健・福祉・医療の向上、虐待防止、介護予防マネジメントなどを総合的に行うことを目的とし、各区市町村に設置された

地域密着型サービス
認知症高齢者や中度～重度の要介護者が、住み慣れた地域での生活を継続できるようにするため、市町村が事業者の指定や、指導・監督を行っている

中心暗点
視野の中心部分に視野の異常がみられ、中心視力が低下すること

中心静脈栄養
中心静脈から留置専用のカテーテルを用い、高カロリー輸液によって栄養を管理する方法

チョークサイン
窒息のサイン。のどをつかむようなしぐさ

つなぎ服
認知症の人が失禁をしても勝手におむつをはずさないように、後ろにファスナーがついているつなぎ。自分では着脱ができない

爪白癬
爪の白癬。白癬菌が爪の中に感染して、爪の肥厚や変形が起こる病気

爪肥厚
爪甲が異常に厚くなること。爪の内的バランス異常、遺伝、爪白癬などの感染のほか、巻き爪などが原因となりやすい

デイケア
通所リハビリテーション。介護老人保健施設などに通所することで、入浴や食事などのサービスのほかに、理学療法士や作業療法士によるリハビリテーションを受ける

デイサービス
通所介護。デイサービスセンターなどの施設に通所することで、入浴や食事、機能訓練などを受けるサービス

手続き記憶
技能やノウハウなどからだで覚えている記憶。自転車に乗る、自動車を運転する、楽器を演奏するなどがこれにあたる

特定入所者介護サービス費（特定入所者介護予防サービス費）
所得の低い要介護者が施設サービスを利用する際に、食費や居住費負担を軽減するために支給される介護給付。施設における平均的な費用や居住費を勘案した平均額と利用者の所得に応じた負担の限度額の差が支給される

ドライクリーニング
有機溶剤を用いて洗う方法。油溶性の汚れはよく落ちるが、汗などの水溶性の汚れは落ちにくい。衣類の型崩れ、収縮、色落ち、風合いの変化が少ない

努力呼吸
肩を上下させ、鼻翼を動かしたり、下顎を動かしたりして呼吸すること。また、うなるような、ため息のような声を出しながら呼吸することもある

な行

内部障害
肢体不自由以外の内臓の機能障害。身体障害者福祉法で定める障害のうち心臓、呼吸器、腎臓、膀胱または直腸・小腸の機能障害、ヒト免疫不全ウイルスによる免疫機能障害、肝機能障害の7つがこれにあたる。外見上はわかりにくいため、他人からの理解が得づらいという悩みがある

入浴の禁忌
①発熱
②呼吸困難
③急性期の心疾患・肝疾患
④出血性疾患
⑤重症貧血・内分泌疾患
⑥外傷・脳卒中直後
⑦200mmHg以上の高血圧

入浴の3大作用
温熱効果：温かい湯につかること

覚えておきたい用語

で全身の血行がよくなり、新陳代謝が促進される。同時に体内の老廃物や疲労物質が排泄され、内臓のはたらきが活発になる

静水圧作用：浴槽内のからだにかかる圧力で血液循環が促進され、下肢の血液が心臓に戻りやすくなり、心肺機能が促進される

浮力作用：肩までつかると浮力で体重が10分に1程度になり、腰や膝への負担が軽減されて動きやすくなり、重さから解放されてリラックスできる

尿失禁の種類

① **切迫性尿失禁**：強い尿意切迫感、膀胱収縮によりこらえきれず漏れてしまう

② **腹圧性尿失禁**：咳やくしゃみ、重いものを持ち上げたときなど、腹圧により漏れてしまう

③ **機能性尿失禁**：運動機能の障害、認知機能の低下により、トイレに間に合わなかったり、トイレの場所や排泄の方法がわからなかったりして漏れてしまう

④ **溢流性尿失禁**：尿閉状態で尿があふれる。排出障害が基礎疾患により漏れてしまう（p160）

尿閉

膀胱の中に尿があって、尿を完全に排泄できない状態。1滴も排泄できない完全尿閉と不完全尿閉があり、不完全尿閉は慢性に起こるものが多く、排尿後も膀胱に尿が残る（残尿）

認知症疾患医療センター

都道府県や政令指定都市が指定する病院に設置する機関であり、認知症の鑑別診断、専門医療相談、周辺症状・合併症対応、医療情報提供等を行うとともに、担当者の配置による介護との連携や、かかりつけ医への研修を行う機関

脳性麻痺

受胎から生後4週間以内の新生児に、脳に非進行性の病変が起きたことによって生じた運動能力の異常。手足が突っ張って動かしにくい痙直型と、自分の意志に反してからだが動いてしまうアテトーゼ型のほか失調型、混合型にわけられる

ノンレム睡眠

脳の活動が低下し、刺激してもなかなか目覚めないほどの深い眠りのこと。急速眼球運動はみられない

は行

バイタルサイン

生命徴候と訳される。体温、血圧、脈拍、呼吸、意識のこと

排尿困難

尿が自然に出ない場合の総称。排

尿が始まるまでに時間がかかる場合と、排尿そのものに時間がかかる場合があるが、両者は前後して多く現れる

廃用症候群
長期間の臥床や活動の低下に伴う二次的に生じる機能低下のこと。「生活不活発病」ともいわれる（p157）

半側空間無視
高次脳機能障害の症状の1つ。脳損傷の反対側にあるものの情報の認知が障害される。とくに左麻痺者にみられ、本人から見て左側が見えているのに認識されず、からだの左側もないかのように感じる

ヒヤリハット
インシデントともいう。思いがけない出来事（偶発事象）

標準予防策
スタンダードプリコーションと呼ばれる。人間はだれでも感染する病原体をもっていると考え、すべての血液、体液、分泌物、排泄物、傷害のある皮膚、粘膜などに直接接触をしないように衣服や環境などを取り扱う。個人防護具はシングルユースの手袋、マスク、エプロン、ガウン、ゴーグル、フェイスシールドである

日和見感染
健康な人では感染症を起こさない弱い病原体が、免疫能力の低下した人などに引き起こす感染症のこと。エイズ感染者や、免疫抑制剤を使用中の患者、高齢者などが発症しやすい。主な日和見感染としてMRSA感染症

頻尿
通常は膀胱内の尿量が200mLで尿意を感じるが、少量の蓄尿でも尿意を感じ、1日の排尿回数が8回以上の状態をさす。しかし、8回以下でも自分で回数が多いと感じるならば頻尿といえる

不感蒸泄
人体が発汗以外に皮膚や呼気からも水分を失っている減少をさす。安静にしていても、皮膚から約600mLの水分が蒸散するといわれている。発熱や呼吸状態により変動する

不顕性誤嚥
通常、食物や唾液などが気管に入るとむせてはき出す。これを「顕性誤嚥」とよぶが、高齢者では、加齢による器官の感覚の低下や脳血管疾患、認知症等があると「むせる」症状が出るとは限らない。誤嚥しても咳などの反射がない誤嚥を「不顕性肺炎」とよぶ。発熱や

食欲低下等の症状で気づくケースもある

福祉三法(ふくしさんぽう)
①生活保護法、②児童福祉法、③身体障害者福祉法をさす

福祉六法(ふくしろっぽう)
①生活保護法、②児童福祉法、③母子及び寡婦福祉法、④老人福祉法、⑤身体障害者福祉法、⑥知的障害者福祉法をさす

不定愁訴(ふていしゅうそ)
検査しても原因疾患が発見できないものの、動悸や息切れ、発汗、めまい、頭重感、頭痛、吐き気、食欲不振、不眠、疲労感、手足のしびれなど漠然と感じるからだの不全感。自律神経失調などと関連があることが多い

不眠への対応(ふみんへのたいおう)
①生活習慣や睡眠環境の見直し
②服薬の見直し
③瘙痒感の軽減をはかる

閉塞性動脈硬化症(へいそくせいどうみゃくこうかしょう)
動脈硬化が徐々に四肢に起こった状態。中年以降の男性に多く、主に腹部大動脈から大腿動脈が狭窄または閉塞し、下肢の虚血状態を引き起こす。加齢のほか、糖尿病、高血圧等の生活習慣病と深く関連する

ホスピスケア
末期患者、または終末期を迎えている患者に対して、疼痛緩和治療や、心身をケアする専門施設で行われるケア

ボディメカニクス
力学的原理を活用した技術のことで、できるだけ身体に負担をかけない効率的な動作のこと(p42)

ホメオスタシス(恒常性)(こうじょうせい)
生命を維持するため、体内や体外の環境の変化に対応し、からだを安定した状態に保つこと

ま行

巻き爪(まきづめ)
陥入爪ともいう。足の爪のへりが皮膚に食い込んだ状態をさす。放置すると細菌感染等で炎症を起こし、痛みで歩けなくなることもある。深爪や爪の角を切り落とす、靴等による圧迫、外反母趾、爪白癬などの感染によって起こりやすくなる

明順応(めいじゅんのう)
暗い場所から急に明るい場所に移動したときにまぶしくて目が開けられないが、時間の経過とともに

まぶしさが薄れ明るさになれて見えるようになること

名称独占
業務独占と異なり、資格がなくてもその業務を行うことはできるが、その資格の名称を名乗ることができない。主に介護福祉士、社会福祉士、理学療法士など

盲
視覚を用いて日常生活を営むことが困難な状態や障害をもつ人をさす

物取られ妄想
アルツハイマー病でみられる妄想のなかで最も多い。盗まれるものは、お金、財布、通帳、印鑑など財産に関係するものが多い

や・ら・わ行

夕暮れ症候群
人物の誤認によって、配偶者や子どもであることがわからず、なじみのある場所への帰り支度を始める。とくに、これらの症状は日が傾いたころによくみられる

ユニットケア
入居者個々の尊厳を重視し、個人の「自律」を尊重するために、施設の居室を1ユニット10人以下のグループに分け、それぞれ1つの生活単位として、家庭的な雰囲気で介護を行うこと

浴室の転倒防止
脱衣室と浴室の段差解消に努め、滑らない床、滑り止めマット、手すりを設置するとよい

浴槽の出入り
浴槽の縁は厚すぎるとまたぎにくくなるが、浴槽の縁の角に腰かけスペースを設けることもある。浴槽の縁と同じ高さの椅子や、バスボードがあると移動がしやすくなる

ラポール
こころが通い合う信頼関係

リビングウィル
自然の死を求めるために、自発的意思を明示した生前の遺言書を作成すること

リフォームヘルパー
在宅の高齢者や障害者を対象に、介護福祉士やソーシャルワーカー、保健師、理学療法士、建築士等が住宅改良について相談に応じたり、助言を行う専門職チームのこと

リフォームヘルパー制度
介護保険制度の地域支援事業の1つであり、福祉、保健、医療、建

> 覚えておきたい用語

part3 現場で役立つ資料

築の専門家等が住宅改良について相談に応じたり、チームで助言を行う制度

流動性知能
新しいことを学習したり、新しい環境に適応する能力

良肢位
日常生活動作において、支障の少ない関節角度をとった肢位のことであり、からだの各部位の位置関係に無理のない、楽な状態のこと（p156）

リロケーションダメージ
場所や暮らし方が変わることによる心身状態の悪化

レム睡眠
浅い眠りで、筋肉は弛緩しているが脳は比較的活発に活動している。眼球がキョロキョロと急速に動く急速眼球運動（rapid eye movement）がみられるため、この頭文字をとってレム（REM）睡眠という

連座制
不正請求等により、事業者や施設が指定取消処分を受けた場合、同法人が運営するほかの介護サービス事業の指定取り消しや指定更新を認めないこと

聾唖
聴覚障害があり、言葉を話せないこと。手話を母語とすることが多いが、近年の口話教育の発展により、聾でも話すことができる人が増えている

労働災害の事例の統計分析結果
重傷以上の災害が1件起きる背景には、軽傷を伴う災害が29件と、300件のヒヤリハット体験があるといわれている（1：29：300）。さらに、ヒヤリハットの背景には数千の安全とはいえない行動や状態が存在するとされている

みんなで一緒に歌える童謡・唱歌

好きな歌を聴いているときは心身ともにリラックスしますし、歌えば声を出す刺激などから脳を活性化させることがわかっています。また、懐かしさを感じる音楽は、認知症の高齢者の脳に刺激を与えるという報告もあります。最近の介護現場では、『リンゴの唄』などの戦後の唄が好まれるようです。
会話だけでなく、一緒に歌を歌うことはコミュニケーションの1つとして役立ちます。

童謡・唱歌

われは海の子 文部省唱歌

われは海の子白浪（しらなみ）の
さわぐいそべの松原（まつばら）に
けむり　たなびくとまやこそ
わがなつかしき　すみか　なれ

生（う）まれてしおに　ゆあみして
浪（なみ）を子守（こもり）の歌（うた）と聞（き）き
千里（せんり）寄せくる海（うみ）の気（き）を
吸（す）いてわらべとなりにけり

高（たか）く鼻（はな）つくいその香（か）に
不断（ふだん）の花（はな）のかおりあり
なぎさの松（まつ）に吹（ふ）く風（かぜ）を
いみじき楽（がく）とわれは聞（き）く

かたつむり 文部省唱歌

でんでん虫々　かたつむり
お前のあたまは　どこにある
角だせやりだせ　あたまだせ

　　でんでん虫々　かたつむり
　　お前のめだまは　どこにある
　　角だせやりだせ　めだまだせ

茶摘み 文部省唱歌

夏も近づく八十八夜
野にも山にも若葉が茂る
あれに見えるは茶摘みじゃないか
あかねだすきに菅の笠

　　日和つづきの今日このごろを
　　心のどかに摘みつつ歌う
　　摘めよ摘め摘め摘まねばならぬ
　　摘まにゃ日本の茶にならぬ

虫のこえ 文部省唱歌

あれ松虫(まつむし)が 鳴(な)いている

ちんちろちんちろ ちんちろりん

あれ鈴虫(すずむし)も 鳴(な)き出(だ)した

りんりんりんりん りいんりん

秋(あき)の夜長(よなが)を 鳴(な)き通(とお)す

ああおもしろい 虫(むし)のこえ

　きりきりきりきり きりぎりす

　がちゃがちゃがちゃがちゃ くつわ虫(むし)

　あとから馬(うま)おい おいついて

　ちょんちょんちょんちょん すいっちょん

秋(あき)の夜長(よなが)を 鳴(な)き通(とお)す

ああおもしろい 虫(むし)のこえ

童謡・唱歌

村祭 文部省唱歌

村の鎮守の神様の
今日はめでたいお祭り日
どんどんひゃらら どんひゃらら
どんどんひゃらら どんひゃらら
朝から聞こえる笛太鼓

としも豊年満作で
村は総出の大祭り
どんどんひゃらら どんひゃらら
どんどんひゃらら どんひゃらら
夜までにぎわう宮の森

おさまる御代に神様の
めぐみあおぐや村祭り
どんどんひゃらら どんひゃらら
どんどんひゃらら どんひゃらら
聞いても心が勇み立つ

案山子 文部省唱歌

山田の中の　一本足の案山子
天気のよいのに　蓑笠つけて
朝から晩まで　ただ立ちどおし
歩けないのか　山田の案山子

山田の中の　一本足の案山子
弓矢でおどして　力んでおれど
山ではカラスが　かあかと笑う
耳がないのか　山田の案山子

童謡・唱歌

雪 文部省唱歌

雪やこんこ　あられやこんこ
降っては降っては　ずんずんつもる
山も野原も　綿帽子かぶり
枯木残らず　花が咲く

雪やこんこ　あられやこんこ
降っても降っても　まだ降りやまぬ
犬は喜び　庭かけまわり
猫はこたつで　丸くなる

通りゃんせ わらべうた

通(とお)りゃんせ　通(とお)りゃんせ
ここはどこの　細道(ほそみち)じゃ
天神様(てんじんさま)の　細道(ほそみち)じゃ
ちっと通(とお)して　くだしゃんせ
ご用(よう)のない者(もの)　通(とお)しゃせぬ
この子(こ)の七(なな)つの　お祝(いわ)いに
お札(ふだ)を納(おさ)めに　まいります
行(い)きはよいよい　帰(かえ)りはこわい
こわいながらも
通(とお)りゃんせ　通(とお)りゃんせ

その他

干支と年齢早見表

和暦	西暦	年齢	干支
明治45年 / 大正 元年	1912	103	子（ね）
大正 2年	1913	102	丑（うし）
大正 3年	1914	101	寅（とら）
大正 4年	1915	100	卯（う）
大正 5年	1916	99	辰（たつ）
大正 6年	1917	98	巳（み）
大正 7年	1918	97	午（うま）
大正 8年	1919	96	未（ひつじ）
大正 9年	1920	95	申（さる）
大正10年	1921	94	酉（とり）
大正11年	1922	93	戌（いぬ）
大正12年	1923	92	亥（い）
大正13年	1924	91	子
大正14年	1925	90	丑
大正15年 / 昭和 元年	1926	89	寅
昭和 2年	1927	88	卯
昭和 3年	1928	87	辰
昭和 4年	1929	86	巳
昭和 5年	1930	85	午
昭和 6年	1931	84	未
昭和 7年	1932	83	申
昭和 8年	1933	82	酉
昭和 9年	1934	81	戌
昭和10年	1935	80	亥
昭和11年	1936	79	子
昭和12年	1937	78	丑
昭和13年	1938	77	寅
昭和14年	1939	76	卯
昭和15年	1940	75	辰
昭和16年	1941	74	巳
昭和17年	1942	73	午
昭和18年	1943	72	未
昭和19年	1944	71	申
昭和20年	1945	70	酉
昭和21年	1946	69	戌
昭和22年	1947	68	亥
昭和23年	1948	67	子
昭和24年	1949	66	丑
昭和25年	1950	65	寅
昭和26年	1951	64	卯
昭和27年	1952	63	辰
昭和28年	1953	62	巳
昭和29年	1954	61	午
昭和30年	1955	60	未
昭和31年	1956	59	申
昭和32年	1957	58	酉
昭和33年	1958	57	戌
昭和34年	1959	56	亥
昭和35年	1960	55	子
昭和36年	1961	54	丑
昭和37年	1962	53	寅
昭和38年	1963	52	卯
昭和39年	1964	51	辰
昭和40年	1965	50	巳
昭和41年	1966	49	午
昭和42年	1967	48	未
昭和43年	1968	47	申
昭和44年	1969	46	酉
昭和45年	1970	45	戌
昭和46年	1971	44	亥
昭和47年	1972	43	子
昭和48年	1973	42	丑
昭和49年	1974	41	寅
昭和50年	1975	40	卯
昭和51年	1976	39	辰
昭和52年	1977	38	巳
昭和53年	1978	37	午
昭和54年	1979	36	未
昭和55年	1980	35	申
昭和56年	1981	34	酉
昭和57年	1982	33	戌
昭和58年	1983	32	亥
昭和59年	1984	31	子
昭和60年	1985	30	丑
昭和61年	1986	29	寅
昭和62年	1987	28	卯
昭和63年	1988	27	辰
昭和64年 / 平成 元年	1989	26	巳
平成 2年	1990	25	午
平成 3年	1991	24	未
平成 4年	1992	23	申
平成 5年	1993	22	酉
平成 6年	1994	21	戌
平成 7年	1995	20	亥
平成 8年	1996	19	子
平成 9年	1997	18	丑
平成10年	1998	17	寅
平成11年	1999	16	卯
平成12年	2000	15	辰
平成13年	2001	14	巳
平成14年	2002	13	午
平成15年	2003	12	未
平成16年	2004	11	申
平成17年	2005	10	酉
平成18年	2006	9	戌
平成19年	2007	8	亥
平成20年	2008	7	子
平成21年	2009	6	丑
平成22年	2010	5	寅
平成23年	2011	4	卯
平成24年	2012	3	辰
平成25年	2013	2	巳
平成26年	2014	1	午
平成27年	2015	0	未
平成28年	2016	一	申

長寿祝い一覧

名称	年齢	理由
還暦（かんれき）	60歳	干支が一巡し、60歳で生まれた年の干支に戻ることから。「本卦還り」とも呼ばれる。生まれた年に戻るので赤ちゃんの産着に使われ、魔除けの色である赤を使った衣服を贈る風習がある
古希（こき）	70歳	中国唐代の詩人・杜甫の「人生七十年古来稀なり」に由来し、昔は70歳まで生きることは希であったことから。お祝いの色は紫色
喜寿（きじゅ）	77歳	喜の字の草書体「七七」が77に通じるところから
傘寿（さんじゅ）	80歳	「傘」の略字が「八十」に見えることから。お祝いの色は紫色
盤寿（ばんじゅ）	81歳	将棋盤のマス目が「九」×「九」＝八十一となることから
米寿（べいじゅ）	88歳	「米」という字を分解すると「八十八」と分解できるため
卒寿（そつじゅ）	90歳	「卒」の略字「卆」を分解すると九十となるため
白寿（はくじゅ）	99歳	「百」から「一」を取ると「白」になるから
上寿（じょうじゅ）	100歳	百寿、紀寿ともいう。「百賀の祝い」ともいい、100歳以上は、101歳は「百一賀の祝い」、102歳は「百二賀の祝い」と、1年ごとに祝うこともある
茶寿（ちゃじゅ）	108歳	「茶」という字を分解すると「十、十、八十八」となることから
皇寿（こうじゅ）	111歳	「皇」という字は「白（寿）」と「王」からなり、「王」は分解すると「十」と「二」になるため、「九十九」+「十二」で111となる。また「川」という漢字にも読めるため川寿ともいう
大還暦（だいかんれき）	120歳	2回目の還暦を迎えるため

単位換算表

質量

t	トン	1t = 1000kg
kg	キログラム	1kg = 1000g
g	グラム	1g = 1000mg
mg	ミリグラム	1mg = 1000μg
μg	マイクログラム	1μg = 1000ng
ng	ナノグラム	1ng = 1000pg(ピコグラム)

長さ

km	キロメートル	1km = 1000m
m	メートル	1m = 100cm
cm	センチメートル	1cm = 10mm
mm	ミリメートル	1mm = 1000μm(マイクロメートル)

面積

km²	平方キロメートル	1km² = 1000000m² = 100ha
m²	平方メートル	1m² = 10000cm²

体積・容積

m³	立法メートル	1m³ = 1000dm³
dm³	立方デシメートル	1dm³ = 1000cm³ = 1L
kL	キロリットル	1KL = 1000L
L	リットル	1L = 1000mL = 1dm³
mL	ミリリットル	1mL = 1cc

その他

荏原順子（えばら・じゅんこ）
目白大学人間学部人間福祉学科教授。2004年、長崎純心大学大学院人間文化研究科前期課程修了（福祉学修士）。2011年、同後期課程修了（福祉学博士）。東海女子短期大学専任講師、新潟青陵大学看護福祉心理学部福祉心理学科教授を経て、2010年10月より現職。主な著書に、『介護職養成教育における専門性の形成――教育カリキュラムの分析を通して』（長崎純心大学人間文化研究論文叢書）、『1日45分×60日 介護福祉士絶対合格テキスト』（大和書房）など。

見てすぐわかる 介護技術

2015年8月1日　第1刷発行

編　者	荏原順子
発行者	佐藤　靖
発行所	大和書房
	東京都文京区関口1-33-4　〒112-0014
	電話　03(3203)4511

装丁	福田和雄(FUKUDA DESIGN)
クレイ	竹田壮一朗
本文デザイン・DTP	有限会社ヴィンセント
本文イラスト	渡辺富一郎
編集協力	有限会社ヴィンセント
校正	別府由紀子

本文印刷	シナノ
カバー印刷	歩プロセス
製本	ナショナル製本

©2015 Junko Ebara Printed in Japan
ISBN978-4-479-79489-9
乱丁本・落丁本はお取り替えいたします。
http://www.daiwashobo.co.jp